교회가 길을 찾다

교회가 길을 찾다

발행 2021년 10월 12일

지은이 백윤영
발행인 윤상문
디자인 박진경, 이보람, 전지혜
발행처 킹덤북스
등록 제2009-29호(2009년 10월 19일)
주소 경기도 용인시 기흥구 동백동 622-2
문의 전화 031-275-0196 팩스 031-275-0296

ISBN 979-11-5886-228-2 (03230)

Copyright ⓒ 2021 백윤영
이 책은 저작권법에 따라 보호받는 저작물이므로 무단전재와 복제를 금지하며,
이 책의 내용의 전부 또는 일부를 이용하려면 반드시 저작권자와 킹덤북스의
서면 동의를 받아야 합니다.

※ 잘못된 책은 구입하신 곳에서 교환하여 드립니다.
※ 책 가격은 표지 뒷면에 있습니다.

킹덤북스(Kingdom Books)는 문서사역을 통해 하나님의 나라를 확장하고,
한국 교회와 세계 교회를 섬기고자 설립된 출판사입니다.

교회가 길을 찾다

백윤영 지음

천사가 내게 말하기를 기록하라
어린 양의 혼인 잔치에
청함을 받은 자들은 복이 있도다
(계 19:9)

킹덤북스
Kingdom Books

머리말

2021년 6월 18일, 전 교인이 6명인 소악도교회 임병진 담임 목사로부터 1일 부흥회 요청을 받았다. 몇 차례 거절한 터라 더 이상 미룰 수 없었다. 12명을 데리고 떠났다. 전라남도 신안 송도항에서 첫 배를 타고 이동 중에 임병진 목사로부터 전화가 왔다. "어디쯤이세요?", "배를 탔고, 잘 가고 있습니다.", "조심히 오십시오.", "그런데 이번 집회에 연극배우 윤석화 씨, 전 바른미래당 대표를 지낸 정병국 씨, 논설위원 정진홍 씨, 소설가 서영은 씨가 함께 참여할 것 같습니다.", "다 예수님을 믿는 분인가요?", "윤석화 씨는 권사이고, 정병국 씨는 천주교 신자, 나머지 분들은 불교인입니다…."

도착하니 담임 목사와 교인들은 분주하게 부임 후 첫 부흥회를 준비하고 있었다. 우리가 가져간 악기도 조율하고, 촬영할 카메라도 설치했다. 정한 시간보다 조금 늦게 부흥회는 시작되었다. 임 목사가 찬양을 인도했다. 특별한 형식은 없었다. 찬양하다가 기도하고, 기도하다가 간증하고, 간증하다가 교회를 소개하고 여하튼 자유로운 분위기였다. 사라 사모(임병진 목사의 아내, 찬양사역자)의 특별 찬양 순서가 이어졌다. 두 곡이었는데 고(故) 문준경 전도사가 자주 불렀던 노래로 알려진 '허사가'와 직접 작사한 것으로 보이는 '그날'이라는 노래였다. 문제는 '그날'이라는 노래였는데 남북통일을 염원하는 노래 같기도 했고, 부흥의 때를 갈망하는 노래 같기도 했다. 가요인지, 찬양인지 모를 노래였다.

그렇게 분위기는 고조되었다. 갑자기 외빈을 소개하기까지 했다. 잠시 후면 내가 나가서 말씀을 전해야 했다. 처음 부탁 받은 부흥회는 한국 교회의 자랑과 같은 5대 신앙에 관하여 공부하는 것이었는데 그날 분위기는 그런 이야기를 할 만한 상황이 아니었다. 순간 혼란스러웠다. '도대체 이 상황에서 어떻게 말씀을 풀어가야 한다는 말인가.' 더욱이 천주교, 불교, 소악도교회 교인, 광주청사교회 교인, 목사, 장로, 집사, 성도에 이르기까지, 그리고 소악도교회 유일한 청년까지 섞여 있었다.

드디어 강사를 소개했다. 강단에 섰다. 이런 저런 사람들이 다 모이니 작은 예배당이 꽉 찼다. 말문을 열었다. 있는 그대로 상황을 이야기했다. "도대체 이 자리가 부흥회인지, 콘서트인지, 기도회인지 모르겠습니다." 웃음이 터졌다. "나는 분명히 부흥회 강사로 왔는데 준비한 말씀을 전할 수 있을지 고민입니다. 하지만 실수하지 않으시는 하나님을 믿기에 나를 이 자리에 세우신 이유가 있을 것입니다. 그래서 기도하며 물었습니다. 이 자리가 무슨 자리입니까? 정확하게 성령께서 답을 주셨습니다." 응답 받은 내용을 나누었다. "이 자리는 잔칫집입니다." 그 자리에 모인 모든 사람이 공감했다. 그날 그 자리는 정말 소악도의 잔칫날이었다.

그렇게 나는 소악도교회 첫 부흥회 시간에 '하나님 나라와 교회는 잔칫집이다.'는 이야기를 약 1시간 30분 가량 나누었다. 물론 원고에 없는 내용이었는데 모두가 박장대소, 기쁨 충만의 시간이었다. 우리 교인들의 표현을 빌리자면 '붕붕 떴다'고 했다. 오전 집회 후 외부 손님들은 떠났고, 5대 신앙 이야기는 오후에 나누었다. 그 시간에는 대구에서 온 목회자와 성도가 참여했다. 그분들 역시 쓰러질 정도로 울다가 웃다가를 반복하며 부흥회에 참여했다. 내 인생에 가장 뜨거운 부흥회가 아니었는가 생각한다.

꿈 같은 시간을 보내고 광주로 돌아왔다. 단잠을 자고 토요일 아침을 맞았다. 굳은 몸을 풀었다. 그러면서 꿈 같았던 소악도교회 부흥회를 생각했다. 그 순간 스치듯 번쩍이는 영감이 있었다. '교회다움이 무엇인가?' '불교다움'을 이야기하는 것은 의외로 쉽다. 템플스테이나 이름 있는 불교 지도자 한 사람을 이야기하면 그 느낌이 살아난다. '천주교다움'도 그렇다. 도대체 '교회다움'은 무엇인가?

코로나 사태 이후 교회는 정체성의 혼란을 겪고 있다. 교회를 향한 비판의 수위도 도를 넘어선 것 같다. 혹자는 '코로나 방역에 실패해서 그런 것이다.'라는 이야기를 하지만 난 동의할 수 없다. 방역에 실패하고, 대처에 미흡한 것은 정부도 마찬가지였기에 그렇다. 교회가 욕을 먹고 짓밟히는 수준에 이른 것은 예수님의 말씀처럼 맛을 잃어 버린 소금과 같았기 때문이다. 교회다움을 잃어버렸다는 이야기다.

그러고 보니 소악도교회 그 짧은 부흥회 시간에 '교회는 잔칫집이다'라는 주제를 통해서 교회를 소개한 일은 성령님의 탁월한 지혜였음을 깨닫게 되었다. 그 순간 '지금 교회가 길을 잃어 버렸다.'라는 다급한 생각이 들었다. 그러면서 '교회다움'을 이야기할 수 있는 수많은 주제가 스쳐지나가기 시작했다. 그 주제들을 메모하면서 혼자 소리쳤다. '교회가 길을 찾았다.' 내가 그토록 쓰고 싶었던 교회론의 책이 구상되는 순간이었다. 영국 교회를 탐방하다가 박사 논문 주제가 떠올랐던 것과 같은 감격이었다.

가슴이 뛰었다. 특별 설교 계획을 선포하고 매일 새벽 '교회가 길을 찾다'는 주제로 설교했다. 전하는 자나 듣는 자 모두가 뜨거운 역사를 경험했다. 무엇보다 광주청사교회가 지금까지 바른 길을 걸어왔음을 인정해 주시고 위로해 주시는 것 같았다.

나는 기도한다. 이 저서가 코로나 사태 이후 위축되어 있는 한국 교회에 위로의 메시지가 되고 다시 달릴 수 있는 강력한 동인이 되기를 원한다. 아울러 우리의 후대들에게 '교회'에 대하여, '교회다움'에 대하여 이야기할 때 꼭 추천하는 교과서이길 소망한다.

이번에도 어디든 동행하고, 오직 남편만 바라보고 사는 참 착한 아내 한지현, 점점 나를 닮아가는 두 아들 두민, 은민, 부족한 아들

목회를 온몸으로 함께 돕고 계시는 나의 아버지 백정석 목사(강진 영광교회 원로 목사), 어머니 조심례 사모, 기도의 후원자, 물질의 후원자를 자처하시는 장인 한계환 집사, 장모 김경숙 전도사와 당회원들, 나의 면류관인 광주청사교회 교인들이 책 출간을 위해 기도하고 응원해주었다. 지면상 그 이름을 다 밝힐 수 없어 아쉽다. 원고를 함께 정리하고, 밥 친구가 되어준 나의 제자 이상화도 고맙고, 부족한 글을 멋진 책으로 엮어준 킹덤북스(Kingdom Books) 대표 윤상문 목사님과 아낌없이 추천해 주신 분들께 감사를 표한다.

2021. 9. 26.

빛고을
광주청사교회에서
백윤영 목사

목차

머리말   4

1부 기뻐하는 교회   11

- 01   교회는 잔칫집이다   12
- 02   교회는 아버지 품이다   25
- 03   교회는 기도하는 집이다   37
- 04   교회는 영생의 말씀이다   48
- 05   교회는 견고한 진이다   61

2부 사랑하는 교회   72

- 06   교회는 사랑이다   73
- 07   교회는 마구간이다   86
- 08   교회는 응원단이다   102
- 09   교회는 못자리다   113
- 10   교회는 헐몬의 이슬이다   128

| 3부 | 승리하는 교회 | 138 |

11	교회는 승리다	139
12	교회는 믿음이다	154
13	교회는 약속이다	171
14	교회는 포도원이다	183
15	교회는 플랫폼이다	196

| 4부 | 다시 새로워지는 한국 교회 | 211 |

16	한국 교회는 주일 성수다	212
17	한국 교회는 새벽 기도다	224
18	한국 교회는 십일조 헌금이다	235
19	한국 교회는 교회 사랑 신앙이다	242
20	한국 교회는 목사 존중 신앙이다	252

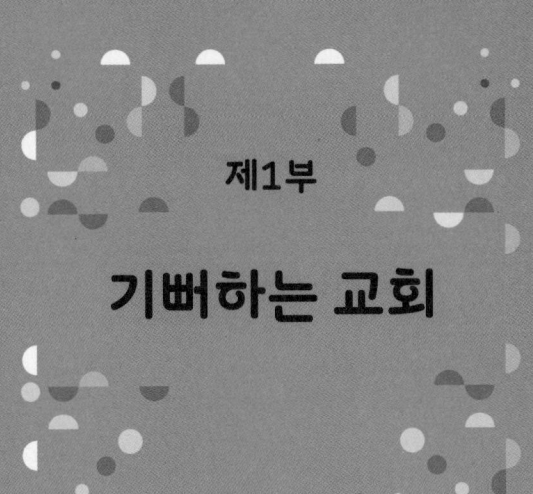

제1부

기뻐하는 교회

01

교회는 잔칫집이다

"7 우리가 즐거워하고 크게 기뻐하며 그에게 영광을 돌리세 어린 양의 혼인 기약이 이르렀고 그의 아내가 자신을 준비하였으므로 8 그에게 빛나고 깨끗한 세마포 옷을 입도록 허락하셨으니 이 세마포 옷은 성도들의 옳은 행실이로다 하더라. 9 천사가 내게 말하기를 기록하라. 어린 양의 혼인 잔치에 청함을 받은 자들은 복이 있도다 하고 또 내게 말하되 이것은 하나님의 참되신 말씀이라 하기로"(계 19:7-9)

잔치를 싫어하는 사람은 없다. 모두를 행복하게 하고 가슴 설레게 하는 추억의 시간이다. 특히 시골에서 태어나 성장한 사람들은 동네에서 시끌벅적하게 벌어지는 혼인 잔치를 잊지 못할 것이다. 혼인 잔치가 벌어지면 그동안 만나지 못한 가족들을 만나고 이웃과 별미를 함께하며 즐거움을 나눈다. 잔칫집에는 인생의 기쁨을 주는 술과 노래와 춤이 동반되고 사람과 사람 사이의 벽을 허무는 아름다운 장면이 연출된다. 그래서 잔치는 우리 모두를 행복하게 한다. 그런데 놀라운 사실은 하나님도 우리에게 영원한 하나님의 나라에서 누릴 잔치를 베풀어 주신다는 것이다. 천국은 잔칫집이다. 천국의 모델하우스와 같은 이 땅의 교회도 마찬가지다.

교회는 천국의 기쁨이 가득한 곳

성경에서 하나님 나라를 소개할 때 단 한 번도 '장례식장 같다.'고 표현한 적이 없다. 오히려 '천국은 잔칫집이다.'라고 했다. 그 좋은 실례가 예수님께서 가장 먼저 하나님 나라를 공개적으로 나타내신 가나 혼인 잔칫집 이야기 아닌가? 뿐만 아니라 신자에게 있어서 최고의 날, 주님 재림의 순간도 성경은 분명히 '혼인 찬치'가 벌어지는 날이라고 강조한다.

> "천사가 내게 말하기를 기록하라. 어린 양의 혼인 잔치에 청함을 받은 자들은 복이 있도다 …."(계 19:9)

요한계시록을 통해서 확인할 수 있는 신자의 또 다른 이름은 바로 신부이다.

> "또 내가 보매 거룩한 성 새 예루살렘이 하나님께로부터 하늘에서 내려오니 그 준비한 것이 신부가 남편을 위하여 단장한 것 같더라."(계 21:2)

신부는 세상에서 가장 빛나는 사람이다. 신랑으로 인해서 기뻐하는 자이기 때문이다. 이것은 신자 된 우리가 이 세상에서 어떻게 살아야 하는가를 정확하게 보여준다. 또한 교회의 분위기가 어떠해야 하는지를 깨닫게 해 준다. 교회다움은 급조된 경건이 아니다. 장례식장에 도착해서 옷매무새를 다듬고 슬픈 표정을 짓는 그 모습이 아니라는 것이다. 교회 예배는 결코 성도들이 연극하는 시간이 아니다. 물론 교회는 근본적으로 거룩하신 하나님을 만나기 때문에 경건하고 진지해야 하지만 전반적인 분위기는 하나님을 만나는 은혜를 기다리며 기쁨과 감격이 넘쳐야 한다. 교회는 하나님을 만남으로 인한 구원의 기쁨과 감격이 충만한 곳이기 때문이다. 그래서 교회는 잔칫집이다.

> "천국은 마치 자기 아들을 위하여 혼인 잔치를 베푼 어떤 임금과 같으니."(마 22:2)

마태는 '천국은 혼인 잔치를 베푼 어떤 임금과 같다.'고 했다. 이 비유의 내용을 보면 참 재미있는 장면이 나온다. 정해진 사람들이 초청을 거절하자 주인은 길에 나가서 만나는 대로 모든 사람들을 다 데려오라고 한다.

> "9 네거리 길에 가서 사람을 만나는 대로 혼인 잔치에 청하여 오라 한대 10 종들이 길에 나가 악한 자나 선한 자나 만나는 대로 모두 데려오니 혼인 잔치에 손님들이 가득한지라."(마 22:9-10)

이 장면 속에 어둠이 있고, 과장이 있는가? 슬픔이 있고, 탄식이 있는가? 기쁨이 가득한 웃음소리가 들리지 않는가? 작은 실수에 연연하지 않고 모두가 풍성한 나눔으로 행복해 하는 모습이 떠오르지 않는가? 잔칫날은 모든 것이 용납되는 날이다. 음식 맛이 조금 부족해도 웃을 수 있다. 주인도, 손님도 마음에 기쁨이 가득한 날이기 때문이다. 하지만 오늘날 교회의 모습은 어떠한가? 세례 요한이 말한 신부의 기쁨도, 초대받은 친구의 기쁨도 사라진 지 오래다.

> "신부를 취하는 자는 신랑이나 서서 신랑의 음성을 듣는 친구가 크게 기뻐하나니 나는 이러한 기쁨으로 충만하였노라."(요 3:29)

우리 교회 부흥 성장의 비결

목회를 하면서 경험하는 안타까운 사실은 여전히 어떤 성도들의 모습은 눌려 있고, 과장되며 위선적이라는 것이다. 속으로 그렇지 않으면서 겉으로는 다른 얼굴을 만들어 낸다. 그래서 예배 끝나고 돌아가면서 '죽겠다', '힘들다' 하는 것이다. 또한 그러한 성도들은 교회에서 하는 말과 집에서 하는 말이 다르다. 결혼식을 앞두고 진행하는 상견례와 장례 조문 후의 상반된 모습과도 같다. 다른 사람은 몰라도 가족들은 다 안다. 그러한 모습 때문에 가족 구원이 더 어려워진다. 교회를 다니면서 전혀 기뻐하지 않고, 온갖 불평은 다 늘어놓으면서 교회를 다니는 신자를 보는 비신자 가족은 결코 마음을 열지 않을 것이다.

문제는 코로나19 사태를 통해서 이 가면의 실체들이 다 드러났다는 사실이다. '그래도 웃어야 한다.'고 최면 걸 듯 살았던 자들이 실직의 위협, 감염의 위험 앞에 더 이상 웃을 수 없게 되었다. 놀랍게도 코로나 시대를 지나면서 세상 사람들의 얼굴이 바뀌고 있다. 모두에게 힘들어 하는 표정이 역력하다. 건드리면 곧 터질 것 같은 분위기다. 그런데 문제는 교회도 다르지 않다는 사실이다. 오히려 더 겁에 질린 듯하다. 부끄럽지만 목사도 그렇다. 로마 황제의 핍박 속에서도 교회의 정체성을 잃지 않고 사명을 완수한 요한 공동체가 보여준 사자의 모습이 없다. 구청, 시청 공무원은 사자와 같은데 신자는 새가슴이 되어 버린 것 같다. 그래서 정부가 교회 공동체를 더욱 무시하고, 이제는 아예 완전히 힘을 다 빼앗아 버리려고 한다. 이럴 때일수록 더 당당해야 한다. 웃어야 이긴다.

내가 우리 교회를 부임할 당시 담임 목사가 없었다. 약 5개월 가량 한 장로님을 중심으로 소수의 교인들이 교회를 지키고 있었다. 서로 임무를 분담하여 교회를 섬기는 중이었다. 하지만 교회 내부 상황은 안정적이지 않았다. 큰 부채가 남겨진 것도 그렇고 성도 간 분열의 상처가 아물지 않는 것도 큰 부담이었다. 하지만 하나님의 크신 은혜로 우리 교회는 부흥했다. 어떤 분열도 없었다. 오히려 기사와 표적이 넘치는 초대 교회와 같았다.

세대통합목회콘퍼런스를 통하여 국내외적 영향력이 확대되었고, 언론 보도도 많아졌다. 세대통합센터 건축에 이어 은혜 채플 건축까지도 거뜬히 마쳤다. 특히 은혜 채플의 경우 코로나 위기 상황에서 완공되었다는 점이 놀랍기만 하다. 지금도 많은 사람들이 진지하게 묻는다. '도대체 그 부흥의 비법이 무엇인가?', 심지어 어떤 선배는 "자네는 여유롭게 시간을 보내는 것 같은데 목회가 그렇게 잘 되는 게 신기하다."고 말한다. 이유는 하나이다. 우리 교회는 늘 잔칫집 분위기를 유지하기 때문이다.

애찬으로 기쁨은 더욱 풍성해지고

대부분이 알고 있는 사실이지만, 2020년 연말에 교회 내 코로나 확진자가 발생하는 일이 있었다. 감염 경로는 자세히 알 수 없지만 일단 교회발(發) 코로나 바이러스가 되고 말았다. 언론이 경쟁하듯 수없이 보도했다. 교회 이름과 담임 목사 이름이 그대로 노출됐다. 의도적이었으리라 생각한다. 급기야 교회는 폐쇄를 당했다. 2주는 광주 지역 전체 교회가 비대면 예배를 드리는 시간이었고, 2주는 우리 교회만 격리 폐쇄에 들어갔다. 교회 내 확진자의 숫자도 늘었다. 심지어 양가 부모님, 장인, 장모까지 확진 판정을 받았다. 참으로 막막하고 혼란스러웠다.

하지만 영적으로 모든 상황이 해석되니 오히려 차분해졌다. 방역 당국과 이틀 이내에 검사 및 격리 조치를 완전히 마쳤다. 교회는 대외 팀과 대내 팀으로 나누어서 일사불란하게 위기 상황들을 정리하기 시작했다. 특별한 은혜로 단 한 사람의 희생자가 없었고 무엇보다 우리 교회에서 외부로의 추가 확진이 없었다.

이제는 어느덧 추억이 되었고 간증이 되었다. 이사 간 가정을 제외하고 흔들린 교인도 없었다. 그런데 우리 교회가 여론의 뭇매를 맞은 가장 큰 이유 중의 하나는 주일 예배 후 식사를 제공했다는 것이었다. '이 시국에 교회 식사 제공'이라는 기사들이 보도되었다. 여러분의 생각은 어떠한가? 교회에서 애찬을 함께 하는 것에 대해서 어떻게 생각하는가?

교회에서 애찬을 함께 나누려면 정말 많은 것들이 필요하다. 일단 넓은 식사 장소가 있어야 하고, 음식을 준비하고, 식사 후 정리를 하는 일들이 쉽지 않다. 비용적인 측면에서도 상당히 많은 예산이 소요된다. 그럼에도 불구하고 나는 교회 내 애찬을 강조한다. 부임 후 지금까지 줄기차게 기관별 애찬, 가정 교회별 애찬, 당회원 간의 애찬 등을 진행했다. 우리 교회 성도들은 하나님께서 주신 음식을 언제나 맛있게 잘 먹는다. 이른바 요즘 먹방 유튜버들 못지않게 즐겁게 먹는다. 이렇게 하는 이유가 무엇인가? '교회는 잔칫집'이기 때문이다.

솔로몬은 전도서에서 먹고 마시는 일이 인생에서 중요한 일이고, 하나님이 허락하신 복임을 강조한다. 하나님은 건강을 주시기 전에 식욕을 주신다. 어떤 사람들은 식욕이 왕성한 것에 대해서 불편한 마음을 보이는데, 그것은 어리석은 모습이다. 하나님의 자녀들이 잘 먹고 건강하여 주의 일에 힘쓰는 것은 분명 하나님이 기뻐하시는 모습이다. 우리가 교회에서 음식을 함께 나누는 일은 단순히 배를 채우기 위함이 아니다. 성도들이 서로 한 가족임을 확인하는 자리이고, 치유와 회복을 경험하는 자리이다.

예수님도 죄인들과 함께 식사하셨다. 부활하신 후에도 물고기를 구워 제자들과 함께 조반을 나누셨다. 초대 교회 성도들도 순전한 마음으로 음식을 함께 나누었다. 우리가 이단을 쉽게 이기지 못하는 것 중의 하나가 무엇인가? 그들은 아예 한 집에서 함께 먹고, 함께 살아가며 완전히 한 가족처럼 살기 때문이다. 그들은 이미 영적으로 한 가족이 되었기에 더 이상 교리 문제가 발목을 잡지 않는다. 그들은 정으로 사랑으로 하나가 된다. 이단 교도들도 그러할진대, 하물며 진리이신 예수님을 믿는 우리는 어떠해야 하겠는가? 우리도 주님의 사랑 안에서 함께 먹고 마셔야 한다. 기회 주시는 대로 언제나 형제 대접하기를 힘써야 한다.

지금도 여전히 교회가 아니고는 사랑이 가득한 음식을 대하지 못하는 자들이 많다. 우리 교회만 해도 목사와 함께 애찬 나누는 것을 영광으로 여기는 분위기이다. 그 일을 통해서 우리는 친밀함을 경험한다. 우리 교회의 강력한 결속력은 나의 부임 때부터 줄기차게 진행해온 애찬에 있다고 해도 과언이 아니다. 뿐만 아니라 우리 교회는 매주마다 좋은 일이 있을 때 전 교인이 떡을 제공하며 섬긴다. 기도해 주서서 감사하다는 마음을 담아 나누는 일종의 감사 선물이다. 그러한 가운데 기쁨은 더욱 풍성해진다. 해외 디아스포라 선교사들의 선교 전략 중에 한국 음식을 만들어 나누는 것이 있다고 한다. 나는 그것이 참 기발한 전략이라고 생각한다. 코로나 사태 이후 세상 분위기는 급속도록 차가워졌다. 이미 혼자 밥을 먹는 세상으로 바뀌고 있다. 이때 교회가 함께 어우러지는 잔칫집이 된다면 정말 많은 이들에게 훈훈한 사랑을 전할 수 있을 것이다.

초기 한국 교회와 초대 교회 기쁨의 영성을 배우자

조금 다른 이야기일 수 있지만 우리 선조들은 주일이면 모든 일상을 멈추었다. 추운 새벽에는 마룻바닥에 꿇어앉았다. 믿음 생활을 적당히 하지 않고 자신의 전부를 하나님께 드리는 삶을 살았다. 이유는 간단하다. 하나님 아버지를 영적으로 만나는 기쁨, 더 정확하게는 교회와 예배를 통해서만 누리는 충만한 기쁨이 있었다. 자신의 인생을 돌아보면 그야말로 초라하고 불쌍한데, 교회에 와서 말씀을 들으면 자신이 복 받은 자이고 영광스런 신부임을 깨닫게 되었기 때문이다. 그래서 우리 선조들은 이 시대 어리석은 사람들이 유흥주점을 찾고 술집을 찾듯이 교회를 찾은 것이다. 한마디로 그들은 교회 중독자들이었다. 손양원 목사님도 자신을 스스로 "나는 예수 중독자다."라고 표현했다. 다른 곳은 다 몰라도 교회는 열려 있어야 한다. 지나가는 나그네도 멈추어 세워 대접할 수 있는 잔칫집이어야 한다.

우리는 성경에서 항상 성령의 역사를 술 취한 것과 비교했다는 사실에 주목할 필요가 있다. 우리에게 오신 성령은 결코 탄식의 영, 절망의 영이 아니시다. 기쁨의 영이시다. 꿈꾸게 하시고, 노래하게 하신다. 마른 뼈 앞에서도 군대의 비전을 가지게 하시는 분이시다. 많은 사람들이 "초대 교회는 특별한 교회였다."고 말한다. 과연 그럴까? 초대 교회가 특별한 교회였을까? 다시 말해 특별한 사람들이 모여 특별한 역사를 만드는 교회였을까? 그렇지 않다. 초대 교회야말로 '남종'과 '여종'의 공동체였다. 비천한 자들의 모임이었다. 그 위에 성령이 부어진 것이다. 어릴 적 성령님의 역사를 간절히 사모하며 불렀던 찬송가가 있다. '이 기쁜 소식을'(찬송가 185장)이다. 1절 가사를 소개하면 다음과 같다.

> "이 기쁜 소식을 온 세상 전하세. 큰 환난 고통을 당하는 자에게 주 믿는 성도들 다 전할 소식은 성령이 오셨네."

이 가사에 의하면 주 믿는 성도들이 다 전해야 할 기쁜 소식이 있는데, 즉 '성령이 오셨다'는 것이다. 왜 기쁜 소식일까? 왜 주 믿는 성도들이 다 전해야 할 소식일까? '성령이 오셨다'가 기쁜 소식인 것은 '저 사로잡힌 자를 다 구원해서 참 자유를 주셨고, 승리의 노래'를 주셨기 때문이다(2절).

신자가 누구인가? 사로잡힌 곳에서 구원받은 자가 아닌가? 참 자유를 경험한 자들이 아닌가? 코로나 사태가 시작된 후 많은 사람들이 백신을 기다렸다. 백신을 맞으면 마음껏 예배할 수 있고, 삶의 자유가 올 것이라고 기대했기 때문이다. 드디어 백신 접종이 시작되었다. 그런데 이후로 어떤 성도들은 마음을 다시 바꾸었다. 2차 접종까지 맞고 교회에 오겠다는 것이다. 2차 접종을 마친 사람도 있다. 이제는 변이 바이러스가 두려워서 머뭇거린다고 한다.

왜 코로나가 두려운가? 성령 충만하지 않기 때문이다. 앞으로 코로나는 문제도 아니다. 더 큰 재앙들이 몰려올 것이다. 그러나 우리는 두려워하거나 걱정할 필요가 없다. 언제나 그랬듯 고난의 때에도 하나님 나라는 신실한 믿음의 사람들을 통해 더욱 확장되고 하늘의 뜻이 이 땅에 이루어지기 때문이다.

정말 두려워해야 할 것은 '교회다움'의 정체성 상실

지금 우리가 정말 두려워해야 할 것은 "교회다움"의 정체성 상실이 아닌가? 교회는 항상 기뻐하는 곳이다. 왜냐하면 구원의 감격이 있고, 궁극적으로 영원한 나라에 거하게 하실 것이기 때문이다. 할렐루야! 그러므로 어떤 위기 중에서도 신자는 기뻐해야 한다. 그래서 바울은 "항상 기뻐하라."(살전 5:16)고 했다. 자신이 한 말을 그대로 보여주었다. 그는 실제로 감옥에서도 감사하고 기뻐했다(빌 4:4). 베드로 사도 역시 "오히려 너희가 그리스도의 고난에 참여하는 것으로 즐거워하라."(벧전 4:13)고 했다. 이뿐이던가. 사도 요한도 "하늘과 성도들과 사도들과 선지자들아, 그로 말미암아 즐거워하라."(계 18:20)고 했다.

예수님도 분명히 말씀하셨다.

> "11 나로 말미암아 너희를 욕하고 박해하고 거짓으로 너희를 거슬러 모든 악한 말을 할 때에는 너희에게 복이 있나니 12 기뻐하고 즐거워하라. 하늘에서 너희의 상이 큼이라. 너희 전에 있던 선지자들도 이같이 박해하였느니라."(마 5:11-12)

그러면서 하시는 말씀이 "너희는 세상의 소금이니 소금이 만일 그 맛을 잃으면 무엇으로 짜게 하리요. 후에는 아무 쓸데없어 다만

밖에 버려져 사람에게 밟힐 뿐이니라."(마 5:13)였다. 코로나 상황 가운데서도 불교는 '불교다움'을 유지하고 있다. 천년고찰의 품격은 여전하다. 문제는 교회이고 신자이다. 교회는 '교회다움', '신자다움'을 잃어버렸다. 정부의 말 한마디에 이리저리 요동치고 두려워 떨고 있다.

2000년 역사를 보면 전염병이 창궐하여 수많은 사람들이 고통하며 죽은 예는 역사 이래로 계속 이어져 왔다. 그러나 믿음의 선조들은 그때마다 신앙의 정조를 지키며 약한 자를 돌보고 그리스도의 사랑을 나누며 시대를 일깨웠다. 우리는 지금 코로나19 사태로 많은 어려움을 겪고 있다. 모든 이들에게 위로와 희망을 제시할 때다. 그런데 교회마저 장례식장과 같은 침울한 분위기로 변하면 어찌 되겠는가.

바울은 감옥에 갇혀 있으면서도 기뻐했다. 『죽으면 죽으리라』는 책을 쓴 고(故) 안이숙 사모는 신사 참배 반대로 인해 평양 감옥소에 갇혀 영하 20도 추위에 이불도 하나 없이 지낼 때 손발이 동상에 걸려 고통을 당했다. 그런데도 그분은 하나님을 단 한 번도 원망하지 않았다고 한다. 오히려 자신과 같은 죄인을 구원하러 이 땅에 오셔서 십자가에 대신 죽으신 예수님의 은혜를 생각할 때 감격하여 울었다고 한다. 초대 교회 성도들은 순교의 죽음 앞에서도 순교를 영광으로 받아들이며 기뻐했다. 우리도 성령께 그러한 믿음과 담대함을 주시도록 기도하자.

'교회다움이 무엇인가', '이 땅에 교회가 왜 필요한가'에 대하여 우리는 이제 말이 아니라 삶으로 답할 때이다. 성도의 구원 사건은 한마디로 잔칫집으로의 초대이다. 하나님이 우리에게 그토록 주고 싶으셨던 '샤바트'[1] (שבת 잔치, 잔치를 벌이다)의 영성으로 위기의 세상을 섬기고 다스리자. '교회는 항상 천국의 잔치가 벌어지는 잔칫집'임을 잊지 말자.

---

[1] 창세기 2장 2절 "하나님이 그가 하시던 일을 일곱째 날에 마치시니 그가 하시던 모든 일을 그치고 일곱째 날에 안식하시니라." '안식하시니라'의 히브리어 원어, '안식하다'보다 '잔치하다'로 번역하는 것이 더 적절하다. 본서 '16. 한국 교회는 주일 성수다'를 참조하라.

02

교회는 아버지 품이다

"11 또 이르시되 어떤 사람에게 두 아들이 있는데 12 그 둘째가 아버지에게 말하되 아버지여 재산 중에서 내게 돌아올 분깃을 내게 주소서 하는지라. 아버지가 그 살림을 각각 나눠 주었더니 13 그 후 며칠이 안 되어 둘째 아들이 재물을 다 모아 가지고 먼 나라에 가 거기서 허랑방탕하여 그 재산을 낭비하더니 14 다 없앤 후 그 나라에 크게 흉년이 들어 그가 비로소 궁핍한지라. 15 가서 그 나라 백성 중 한 사람에게 붙여 사니 그가 그를 들로 보내어 돼지를 치게 하였는데 16 그가 돼지 먹는 쥐엄 열매로 배를 채우고자 하되 주는 자가 없는지라. 17 이에 스스로 돌이켜 이르되 내 아버지에게는 양식이 풍족한 품꾼이 얼마나 많은가 나는 여기서 주려 죽는구나. 18 내가 일어나 아버지께 가서 이르기를 아버지 내가 하늘과 아버지께 죄를 지었사오니 19 지금부터는 아버지의 아들이라 일컬음을 감당하지 못하겠나이다. 나는 품꾼의 하나로 보소서 하리라 하고 20 이에 일어나서 아버지께 돌아가니라. 아직도 거리가 먼데 아버지가 그를 보고 측은히 여겨 달려가 목을 안고 입을 맞추니 21 아들이 이르되 아버지 내가 하늘과 아버지께 죄를 지었사오니 지금부터는 아버지의 아들이라 일컬음을 감당하지 못하겠나이다 하나 22 아버지는 종들에게 이르되 제일 좋은 옷을 내어다가 입히고 손에 가락지를 끼우고 발에 신을 신기라. 23 그리고 살진 송아지를 끌어다가 잡으라. 우리가 먹고 즐기자. 24 이 내 아들은 죽었다가 다시 살아났으며 내가 잃었다가 다시 얻었노라 하니 그들이 즐거워하더라. 25 맏아들은 밭에 있다가 돌아와 집에 가까이 왔을 때에 풍악과 춤추는 소리를 듣고 26 한 종을 불러 이 무슨 일인가 물은대 27 대답하되 당신의 동생이 돌아왔으매 당신의 아버지가 건강한 그를 다시 맞아들이게 됨으로 인하여 살진 송아지를 잡았나이다 하니 28 그가 노하여 들어가고자 하지 아니하거늘 아버지가 나와서 권한대 29 아버지께 대답하여 이르되 내가 여러 해 아버지를 섬겨 명을 어김이 없거늘 내게는 염소 새끼라도 주어 나와 내 벗으로 즐기게 하신 일이 없더니 30 아버지의 살림을 창녀들과 함께 삼켜버린 이 아들이 돌아오매 이를 위하여 살진 송아지를 잡으셨나이다. 31 아버지가 이르되 애너는 항상 나와 함께 있으니 내 것이 다 네 것이로되 32 이 네 동생은 죽었다가 살아났으며 내가 잃었다가 얻었기로 우리가 즐거워하고 기뻐하는 것이 마땅하다 하니라."(눅 15:11-32)

아버지의 사랑은 변함이 없다. 자녀가 어떠한 모습이든 끝까지 포기하지 않는다. 늘 그 자리에서 그 모습으로 덤덤히 기다려주신다. 성경 본문의 둘째 아들은 아버지의 품보다 세상 쾌락을 더 원했다. 그는 방탕한 시간을 보낸 후 절실히 깨닫게 된다. 아버지의 품이 이 세상에서 가장 따뜻한 곳이라는 사실을…. 오늘날 이 시대 사람들이 바로 집 나간 둘째 아들의 모습이다. 수많은 사람들이 하나님 아버지의 품을 떠나 세상에 취해 있다. 우리는 그들을 하나님 아버지의 품으로 인도해야 한다. 넓은 가슴으로 세상을 뜨겁게 품는 곳, 교회는 아버지 품이다.

공감의 능력이 중요하다

오래 전에 뽀빠이 이상용 씨가 진행한 '우정의 무대'가 대한민국을 떠들썩하게 했다. 그 프로그램의 백미는 두말할 것 없이 장병 중의 한 명이 어머니를 만나는 장면이었다. 그런데 한 번은 아버지들의 항의가 빗발쳐 아버지를 출연시킨 적이 있었다고 한다. 그런데 막상 진행하고 보니 상당한 어려움이 발생했다. 일단 아버지를 만나기 위해 뛰어 나오는 장병 숫자가 현저히 줄었고, 막상 만나서도 서로를 껴안고 통곡하기보다는 멀찍이 떨어져서 "요즘 군대 편하다면서?", "왜 오셨어요?" 수준의 대화를 나눈 것이다.

차이가 무엇인가? 다름 아닌 공감의 능력이다. 하나님께서는 공감을 위한 세포를 우리의 뇌에 넣어 주셨다. 그 세포를 '거울 뉴런 체계(Mirror Neurons System)'라고 한다. 이 공감의 능력은 어릴 적 어머니를 통해 배우고 단련된다. 아기는 언어라는 의사소통이 불가능하기에 어머니와 정서적으로만 교통할 수 있다. 그런데 엄마의 마음은 아이들의 마음에 정확히 조율돼 있어서 아이의 요구를 단번에 알아차린다.

예를 들어, 아이는 그냥 우는데 엄마는 배고파서 우는 것인지 기저귀 때문에 우는 것인지 벌써 알고 대처한다. 군 생활 중인 아들을 만나서도 엄마는 아들과 정서를 공명한다. 짧은 순간에 마음의 소리를 듣는다. 그래서 아들을 본 순간 얼굴을 비비고, 몸을 쓰다듬어 주면서 '수고했다', '힘들었지' 하는 것이다. 훗날 이런 정서 공명의 능력은 대인 관계에 있어서 정말 중요하다.

사실 이 시대에 잘 노는 사람들이 성공한다는 이야기가 계속된다. 왜 잘 놀면 성공할까? 잘 논다는 말 속에는 타인과의 정서 공명 작용이 전제되어 있다. 예를 들어, 아이들이 공을 차며 즐거워하며 "골인"을 외친다. 그때 만약 아버지가 아무런 표정 없이 아주 무뚝뚝하게 "그래, 골인이다."라고 중얼거린다면 아이들은 더 이상 이 아버지와 놀지 않게 된다.

모처럼 가을 여행에서 아내는 흥분해서 이야기한다. "여보, 너무 좋다! 우리 내년에 또 오자." 감탄사를 연발하는 아내에게, 담배 씹으며 "참나, 단풍 처음 보냐?" 한다면 보나마나 이 가정은 이혼을 생각할 것이다. 이때 인기 있는 남편은 아내의 감탄을 공유한다. 이런 공유 감정을 통해 아내와 자녀는 사랑을 느끼게 되는 것이다. 그러니까 정서 공유는 인간을 인간답게 하는 가장 기본적인 의사 소통 단위인 셈이다. 대부분의 가정에서 자녀가 학교에서 돌아와 아빠 대신 엄마를 찾은 이유가 이런 능력의 차이 때문이다. 우스갯소리이지만 만약 아빠를 찾고 들어오는 아이가 있다면 학대당한 자녀일 것이다.

넓은 아버지, 깊은 아버지

하지만 어른이 되어서도 그렇던가? 자녀들이 인생의 정말 중요한 문제를 논할 때 엄마를 찾던가? 그렇지 않다. 쉬운 예로, 경찰서 가기 전에는 엄마의 소관이지만 경찰서 갈 상황에서는 아버지가 나서야 한다. 그런 관점에서 내가 이해하는 교회는 '아버지의 품'이다. 혹자는 교회는 생명을 잉태하고 양육한다는 측면에서 '교회는 어머니다.'라고 말한다. 충분히 동의한다. 교회 안에 생명, 양육, 위로는 매우 중요한 개념이다. 하지만 죄인을 품어 변화시켜 세운다는 관점에서 교회는 '아버지의 품'이다. 이런 교회론 때문인지 우리 광주청사교회는 남자들이 더 잘 세워지는 것 같다. 새벽에 부르짖는 남자들이 많다. 여인들의 부르짖는 모습도 아름답지만 남자들이 변화되어 부르짖는 모습은 느낌 자체가 다르다.

여하튼 우리 선조들은 끝까지 아버지의 자리를 남겨 두었다. 그 좋은 예가 아버지가 식탁에 앉아 숟가락을 들기 전에 자녀가 먼저 먹을 수 없었다. 맛있는 것은 아버지를 위해서 준비했다. 하지만 이 시대는 뒤집어졌다. 자녀가 왕이다. 자녀가 먹기 전에 아버지가 먹을 수 없다. 자녀가 와야 부모가 잠자리에 든다. 달라도 너무 다르다. 이전 시대는 아무리 못났어도 아버지요 끝까지 아버지였다.

감사하게도 우리 광주청사교회는 아버지들의 자리가 다시 만들어지고 있다. 물론 그 일의 가치를 깨닫고 남편의 부족함을 넓은 마음으로 품어준 아내들이 있어서 가능한 일이 되었다. 여하튼 교회적으로 가정적으로 아버지의 자리가 회복되니 모든 것에 질서가 잡혀가는 느낌이다. 무엇보다 자녀들이 아버지의 마음을 이해하면서 하나님 아버지에 대한 설명이 수월해졌다.

아버지의 가슴은 넓은 가슴이다. 아버지의 능력은 위대하다. 우리에게 익숙한 오늘 본문에서도 깊은 아버지, 넓은 아버지를 만난다. 일단 본문 비유에 등장하는 아버지는 아들이 잘못된 결정을 했음에도 재산을 내어 준다. 아들을 잘 알기에 돌이키지 않을 것을 알았던 것이다. 긴 말하지 않는다. 넓은 아버지, 깊은 아버지 아닌가? 뿐만 아니라 아들 같지도 않은 큰 아들을 여전히 품고 끝까지 잔치에 초대한다. 역시 오래 참으시는 아버지, 깊은 아버지 아닌가? 아버지를 등지고 떠난 아들이 돌아올 때는 어떤가? 자칫 동네 사람들에게 돌에 맞아 죽을 수 있는데 미리 달려 나와 껴안아 주시는 아버지다. 자녀를 보호하고 지켜주시는 아버지이다. 그리고 지난 실수에 대해서 언급조차 하지 않으신다. 오히려 더 좋은 것을 입히고 먹이며 회복을 명한다.

"그리고 살진 송아지를 끌어다가 잡으라. 우리가 먹고 즐기자."
(눅 15:23)

멋진 아버지가 아닌가? 아버지의 사랑이 그대로 느껴지지 않는가?

전(前) 경북대 총장 박찬석 교수 이야기

나의 은사이신 신성욱 교수를 통해 전해들은 감동적인 실화 하나를 소개한다. 아들의 고향은 경남 산청이다. 곶감으로 유명한 곳이지만 지금도 비교적 가난한 곳이다. 그의 아버지는 가정 형편이 어렵고 아들의 머리가 좋지 않았음에도 불구하고 그를 대구로 유학을 보냈다. 아들은 대구 중학교를 다녔는데 공부가 몹시 하기 싫었다. 그 결과는 1학년 여름 방학 때 성적표에 곧바로 나타났다. 1학년 8반 석차 68/68, 꼴찌를 했다. 부끄러운 성적표를 갖고 고향으로 가는 어린 마음에도 아버지를 생각하면 그 성적표를 내밀 자신이 없었다.

'당신이 교육 받지 못한 한을 자식을 통해 풀고자 했는데 꼴찌라니…' 그는 매우 괴로웠다. 끼니를 제대로 잇지 못하는 소작농을 하면서도 아들을 중학교에 보낼 생각을 한 아버지를 생각하면 그냥 있을 수 없었다. 그래서 잉크로 기록된 성적표를 석차 1/68로 고쳐 아버지에게 보여 드렸다. 아버지와 어머니는 보통학교도 다니지 않았으므로 그가 1등으로 고친 성적표를 알아차리지 못했다. 참으로 다행한 일이었다.

대구로 유학한 아들이 집으로 왔으니 친지들이 몰려와 "찬석이는 공부는 잘했더냐?"고 물었다. 아버지는 "앞으로 봐야제, 이번에는 1등을 했는가베." 하셨다. 친지들이 모두 칭찬을 하며 부러워했다. "명순(아버지)이는 자식 하나는 잘 됐어. 1등을 했으면 책거리를 해야제." 당시 아버지는 처가살이를 했고 그의 집은 동네에서 가장 가난한 살림이었다.

이튿날 강에서 멱을 감고 돌아오니 아버지는 한 마리뿐인 돼지를 잡아 동네 사람들을 모아 놓고 잔치를 하고 있었다. 그 돼지는 그의 집 재산 목록 1호였다. 참으로 기가 막힌 일이 벌어진 것이다. 아들이 "아부지…!" 하고 불렀지만 다음 말을 할 수가 없었다. 그냥 밖으로 달려 나갔다. 그 뒤로 그를 부르는 소리가 들렸다. 겁이 난 그는 강으로 달려가 죽어버리고 싶은 마음에 물속에서 숨을 안 쉬고 버티기도 했고, 주먹으로 자신의 머리를 내리치기도 했다. 하지만 죽지 못했다. 그는 다시 대구로 돌아왔다.

하지만 충격적인 그 사건 이후 그는 완전히 달라졌다. 항상 그 일이 머리에 떠올랐기 때문이다. 공부를 시작했다. 미친 듯이 노력했다. 그로부터 17년 후 그는 대학 교수가 되었다. 그리고 그의 아들이 중학교에 입학했을 때, 그러니까 그의 나이 45살이 되던 날 부모님 앞에 33년 전의 일을 뒤늦게 사과를 하기로 마음을 먹었다. "어무이, 저 중학교 1학년 때 1등은요…." 말문을 여는데 옆에서 담배를 피우시던 아버지가 정색을 하며 "다 알고 있다. 민우(손자)가 듣는다."고 하셨다. 자식이 위조한 성적표를 알고도 돼지를 잡아 잔치를 하신 아버지의 마음을 박사요 교수요 대학 총장인 그는 감히 물을 수가 없었다. 전(前) 경북대 총장 박찬석 교수의 실화이다. 나중엔 이 아들이 국회 의원까지 된다. 아무리 생각해도 이 아버지의 모습이 교회다.

변함없는 아버지의 사랑

그런데 이 시대 많은 사람들은 교회를 이렇게 이해하지 않는다. 실제로 많은 교회들이 여인천하(女人天下)다. 그래서인지 교회를 속 좁은 사람들의 모임으로 이해한다. 그도 그럴 것이 교회는 말이 많고 한 번 싸우면 화해하는 법이 없다. 전형적인 여인들의 모습이다. 혹자는 교회가 한 번 싸우면 화해하지 않는 것은 막걸리를 먹지 않아서라고 비아냥댄다. 세상 사람들은 아무리 심한 싸움을 했을지라도 퇴근길에 술 한 잔이면 풀린다는 것이다.

부디 교회들이 넓은 가슴을 품은 아버지의 모습으로 거듭나기를 소망한다. 아들의 어리석음을 품어 버리는 아버지, 회개한 죄에 대해서는 언급조차 없는 아버지, 쉽게 한 사람의 인생을 속단하지 않고 오래 참고 기다릴 수 있는 그런 아버지의 영성이 넘쳐나기 원한다. 또한 소속된 지체에 대해서는 끝까지 책임을 지고 보호하고 섬겨줄 수 있는 아버지 같은 교회이면 좋겠다.

뿐만 아니라 기준이 분명한 교회가 되어야 한다. 어머니는 무조건 품으려 한다면 아버지는 드러내서 근본을 치유하고자 한다. 교회가 어느 순간 어머니의 역할이 지나치게 강조된 부분이 있다. 치유, 회복, 위로 등의 메시지가 많아진 것도 이와 무관하지 않다. 그러나 아버지 역할 없이 바른 신앙생활은 불가능하다. 교회 안에 아버지의 설교가 있어야 한다. 울타리를 쳐주고 때론 호통, 책망할 수 있는 분위기가 꼭 필요하다. 아버지는 말을 하지 않아도 존재감이 있는 분이다. 그래서 자녀를 세워가는 데 있어서 아버지의 존재 여부는 엄청난 영향을 미친다. 교회는 그런 곳이다. 좋지만 어려운 곳이 되어야 한다. 편하지만 함부로 할 수 없는 곳이다. 그런데 이 시대 교회를 그렇게 대하는 사람이 많지 않은 것 같다.

　나의 경우 군대 가기 전까지도 아버지가 어려웠다. 그런데 훈련소에서 빗장이 풀렸다. 아버지의 눈물을 보았다. 넓은 품을 느꼈다. 그후 인생의 중요한 지점마다 아버지의 도움이 절대적이었다. 나는 광주청사교회가 교인들에게 아버지 품 같기를 원한다. 내 스스로도 아버지 같은 목회를 하고 싶다. '부드럽다'는 말보다는 '담대하다, 넓다'는 말이 더 좋다. 그래서 나의 목회는 성도들을 위로하는 것으로 끝나지 않는다. 책임지고, 보호한다. 근본적인 문제를 해결해야 직성이 풀린다. 함께 울어주기보다 들쳐 업고 달릴 때가 많다. 이런 목사의 목회 스타일을 이해한 양육사들은 어머니의 역할을 감당하려고 애쓴다. 그 맥을 유지하면 가정교회가 잘되는 것 같다.

　우리 자녀들에게도 '교회는 아버지 품이다.'는 것을 새겨주는 것이 참 중요함을 깨달았다. 이 시대 가정의 보호를 받지 못한 자녀들이 많다. 그들은 아버지의 사랑은 물론이거니와 아버지의 바른 역할을 모른다. 그래서 세상이 두려운 것이다. 하지만 '아버지의 품과 같은 교회'가 함께 한다면 얼마든지 달라질 수 있다. 홀로 자녀를 키우는 자가 있다면 새겨야 할 내용이다.

넓은 가슴으로 세상을 품는 교회

우리 교회의 신희재 청년이 그 일의 좋은 모델이다 생각하여 소개한다. 그는 어머니의 이혼으로 어렸을 때 아버지와 헤어졌다. 어머니와 우리 교회에 등록하면서 주님을 만났다. 지금은 교회의 중요한 일에 다 관여할 만큼 멋지게 성장했다. 부목사들도 다 그를 칭찬한다. 그가 교회를 좋아하고 따르게 된 중요한 이유 중의 하나가 교회가 아버지 같았기 때문이다. 실제로 그는 교회를 아버지처럼 믿고 따랐다. 휴가를 나와도 가장 먼저 교회에 달려와 인사하고, 기도 받고 예배에 참석하며 휴가를 보냈다. 교회 중요한 행사에 자신의 휴가 일정을 맞추어 함께했다.

전역한 후에도 가장 먼저 내 방에 찾아왔는데 봉투 하나를 내밀었다. "그간 기도해 주셔서 무사히 전역했다."는 고백이 담긴 목양선교 헌금이었다. 놀랐고, 기뻤다. 지금 그에겐 어떤 상처도 발견되지 않는다. 키가 190 센티미터를 훌쩍 넘는 거구인데 덩치값 제대로 한다. 어머니인 오희숙 권사가 교회에서 평생 대접받을 이유는 아들을 데리고 광주청사교회에서 요동치지 않은 것이다. 아들의 아버지의 자리에 교회를 세운 것이다. 아버지의 역할이 필요할 때마다 교회에 도움을 청했다. 무엇보다 오 권사는 등록해서 아들을 다 키우기까지 시험에 들고 흔들린 적이 없다.

그래서 우리 교회는 소그룹을 편성할 때도 여성끼리 따로 모으지 않는다. 가정 대 가정으로 구성한다. 그래야 완성된 믿음의 가정을 볼 수 있기 때문이다. 어머니와 홀로 신앙생활을 하는 경우에 믿음의 아버지 역할을 경험하지 못하는 경우가 많다. 훗날 그 상처는 그대로 이어진다. 물론 처음에는 일부 성도에게 '힘들다'는 항의도 받았지만 이 원리를 충실히 가르쳤더니 이제는 당연하게 받아들인다.

여하튼 교회는 시대를 품어야 한다. 어떤 죄인이든지 끝까지 믿어주고 품어야 한다. 환자, 약자, 빈자, 소자를 교회는 책임져야 한다. 나는 찬송가 527장 '어서 돌아오오'를 좋아한다. 아버지 품의 교회론을 이해한 자들이 부를 수 있는 노래이기 때문이다.

> "[1] 어서 돌아 오오 어서 돌아만 오오 지은 죄가 아무리 무겁고 크기로 주 어찌 못 담당하고 못 받으시리요 우리 주의 넓은 가슴은 하늘보다 넓고 넓어 [2] 어서 돌아 오오 어서 돌아만 오오 우리 주는 날마다 기다리신다오 밤마다 문 열어놓고 마음 졸이시며 나간 자식 돌아 오기만 밤새 기다리신다오 [3] 어서 돌아 오오 어서 돌아만 오오 채찍 맞아 아파도 주님의 손으로 때리시고 어루만져 위로해 주시는 우리 주의 넓은 품으로 어서 돌아 오오 어서"

지금 이 순간도 하나님은 잃어버린 영혼들이 돌아오기를 간절히 기다리고 계신다. 하나님의 은혜로 우리가 먼저 아버지의 따뜻한 품에 안긴 사람들이다. 잃어버린 영혼들에게 하나님의 사랑을 전하자. 그들도 하나님 아버지의 그 사랑의 품에 안기게 하자. 아무리 생각해도 이 시대 우리 곁에 필요한 교회는 '아버지 품'과 같은 교회다.

03

교회는 기도하는 집이다

"45 성전에 들어가사 장사하는 자들을 내쫓으시며 46 그들에게 이르시되 기록된 바 내 집은 기도하는 집이 되리라 하였거늘 너희는 강도의 소굴을 만들었도다 하시니라."(눅 19:45-46)

예수님도 공생애 기간 동안 늘 기도하셨다. 또한 부활 승천 후 하나님 우편에 계시며 지금도 우리를 위하여 중보하고 계신다. 하나님은 우리가 늘 깨어 기도하기를 원하신다. 기도의 능력이 성도의 능력이다. 한 개의 나무 장작이 홀로 타오르면 꺼지기 쉽다. 그러나 수많은 장작들이 한데 모여 함께 활활 타오르면 그 불길의 위력은 실로 엄청나다. 마찬가지로 성도들이 교회에 한데 모여 기도하면, 그 기도의 불길이 뜨겁게 활활 타올라 하나님의 놀라운 역사가 시작된다.

한국 교회 부흥은 '기도'를 통해서 일어났다

'교회다움'이 무엇인가? 교회가 맛을 잃어버리지 않고 밟히는 소금 신세가 되지 않기 위하여 교회가 붙들어야 할 가치가 무엇인가? 두말할 것 없이 기도다. 나는 한국 교회의 부흥이 설교나 제자 훈련과 같은 프로그램에서 왔다는 데에 동의할 수 없다. 한국 교회의 부흥은 기도를 통해서 왔다. 특별히 새벽 기도이다. 1907년 장대현교회에서 시작된 '평양 대부흥 운동'도 1903년 선교사 하디(Robert A. Hardie)의 말씀 사경회와 아울러 길선주 목사의 새벽 기도와 연결되어 있다.

어느 순간 부흥의 역사 가운데 이 부분이 자주 간과되는 점이 아쉽다. 우리 믿음의 선조들은 위기를 만날 때마다 구국기도회를 열었다. 영혼의 메마름을 느낄 때는 여지없이 기도원을 찾았다. 그곳에서 금식하며 기도했다. 그래서 한국 교회가 부흥할 때 기도원 역시 뜨겁게 기도하는 성도들로 넘쳐났다. 여름, 겨울 산상 집회 동안 전국의 기도원은 곳곳마다 기도의 불길이 뜨겁게 타올랐다. 위대한 부흥사들도 줄을 이었다. 당시 부흥사들의 집회 인도 방식은 설교 후에 반드시 합심 기도, 통성 기도 시간을 가졌다. 마지막 날에는 꼭 안수하며 기도해 주었다. 이때 신비한 기도의 응답을 경험한 자들이 많다.

하지만 안타깝게도 요즘 부흥사들의 집회에는 기도가 거의 없다. 안수 기도는 상상할 수도 없다. 설교 후 부목사나 담임 목사에게 기도를 일임하고 조용히 사라지는 일이 많다. 나는 그러한 모습에 실망감을 감출 수 없다. 이런 분위기 때문인지 교인들도 부흥회를 별로 좋아하지 않는다. 지난 날 한국 교회 성장 역사 속에 부흥회가 차지하는 비중이 매우 컸는데 이제는 그렇지 않다.

여하튼 이 시대 그리스도인들에게는 기도의 영성이 없다. 특히 새벽 기도는 거의 중단된 상태다. 나는 이 부분만 생각하면 가슴이 미어진다. 한국 교회 부흥의 탯줄과 같은 새벽 기도회, 전 세계 유례가 없는 한국 교회에 주신 위대한 신앙의 유산인 새벽 기도회가 자취를 감추고 있기 때문이다. 사실은 주일 학교 교육 과정에도 새벽 기도가 포함되어야 한다. 광주청사교회가 이 일에 도전장을 냈고, 아예 교회가 운영 중인 대안학교 샬롬스쿨 입학 조건에도 포함시켰다. 여전히 장년과 동일하게 주일 학생, 청년들이 매일 새벽 기도회에 참여한다. 부디 우리 주일 학교 교육이 재미있는 프로그램을 소개하는 수준에 머무르지 않기를 간절히 바란다.

하나님의 뜻을 이 땅에 이루기 위하여

예수님이 예루살렘에 입성하시고 가장 먼저 하신 일이 성전 정화 사건이다. 성전에 들어가셔서 하신 일은 의외로 간단하다. 돈에 눈이 먼 종교 지도자들을 몰아내셨다. 그리고 그 곳에서 선포하셨다.

> "그들에게 이르시되 기록된 바 내 집은 기도하는 집이 되리라 하였거늘 너희는 강도의 소굴을 만들었도다 하시니라."(눅 19:46)

당시 성전을 강도의 소굴로 만든 자들은 다름 아닌 종교 지도자들이었다. 그렇다면 왜 이들은 돈에 눈이 멀게 되었는가? 어쩌다가 강도가 되었는가? 다른 이유가 없다. 기도하지 않았기 때문이다. 그들은 하나님의 뜻과 상관없이 우상과 같은 종교적 습관을 붙들고 살았던 것이다. 왜 예수님이 땀이 핏방울 같이 되도록(눅 22:44) 기도하셨는가? 왜 예수님은 새벽 미명에 한적한 곳에 가셔서 기도하셨는가? 왜 습관적으로 그 일을 반복하셨는가? 아버지의 뜻을 이루기 위함이었다. 아버지의 뜻대로 행하기 위해 기도하신 것이다.

> "다시 두 번째 나아가 기도하여 이르시되 내 아버지여 만일 내가 마시지 않고는 이 잔이 내게서 지나갈 수 없거든 아버지의 원대로 되기를 원하나이다 하시고"(마 26:42)

기독교와 이방 종교와의 차이가 여기에 있다. 이방 종교의 기도는 깊어질수록 자신이 드러나고, 도인이 되고, 급기야 신이 된다. 반면에 기독교의 기도는 결국 자신이 사라진다. 하나님이 드러나고 그분의 뜻이 이 땅에 이루어진다. 이 시대 교회가 싸우는 이유는 다른 것 없다. 기도하지 않기 때문이다. 기도하지 않으니 계산 잘하는 강도 같은 사람들이 설치는 것이다. 기도하지 않으니 '부족합니다', '안 됩니다'의 고백뿐이다. 벳새다 광야에서 예수님이 하신 말씀을 기억해야 한다.

> "5 예수께서 눈을 들어 큰 무리가 자기에게로 오는 것을 보시고 빌립에게 이르시되 우리가 어디서 떡을 사서 이 사람들을 먹이겠느냐

하시니 6 이렇게 말씀하심은 친히 어떻게 하실지를 아시고 빌립을 시험하고자 하심이라."(요 6:5-6)

이 말씀의 핵심은 "어디서 떡을 사서 이 사람을 먹이겠느냐 ('Where shall we buy bread for these people to eat?', NIV)"이다. 이때 빌립의 답이 일품이다.

"빌립이 대답하되 각 사람으로 조금씩 받게 할지라도 이백 데나리온의 떡이 부족하리이다."(요 6:7)

안드레의 답도 다르지 않다.

"여기 한 아이가 있어 보리떡 다섯 개와 물고기 두 마리를 가지고 있나이다. 그러나 그것이 이 많은 사람에게 얼마나 되겠사옵나이까."(요 6:9)

쉽게 말해 "그러나 그것을 가지고 어떻게 이 많은 사람을 먹일 수 있겠습니까?", "그러나 이렇게 많은 사람에게 그것이 무슨 소용이 있겠습니까?"라는 뜻이다. 정확한 분석이다. 하지만 결과는 달랐다.

"11 예수께서 떡을 가져 축사하신 후에 앉아 있는 자들에게 나눠 주시고 물고기도 그렇게 그들의 원대로 주시니라. 12 그들이 배부른 후에 예수께서 제자들에게 이르시되 남은 조각을 거두고 버리는 것이 없게 하라 하시므로 13 이에 거두니 보리떡 다섯 개로 먹고 남은 조각이 열두 바구니에 찼더라."(요 6:11-13)

이렇게 된 비밀이 무엇인가? '예수님의 축사(祝辭)'였다. '축사'는 다름 아닌 '감사 기도'를 말한다. 우리가 배워야 할 그 기도다. 어느 순간 그리스도인들이 현실주의자들이 되고 말았다. 현실에 입각하여 말하고, 자신의 수준에서 계산하고 판단하는 일들이 일상이 되었다. 그래서 교회들마다 무리하지 않는다. 상식 수준에서 운영되는 회사 형태에 머물러 버린다. 신앙은 상식 이하일 수 있지만 상식 수준에 머물러서도 안 된다.

극한 환경을 뛰어넘는 믿음의 기도

다니엘과 그의 친구들이 상황을 따르지 않고 하나님의 뜻을 따를 수 있었던 것도 기도 때문이다. 원수들의 모함으로 자리를 빼앗기지 않을 수 있었던 것도 마찬가지다. 그냥 기도가 아니다. 감사 기도다. 예수님의 축사 기도와 같은 기도다.

> "다니엘이 이 조서에 왕의 도장이 찍힌 것을 알고도 자기 집에 돌아가서는 윗방에 올라가 예루살렘으로 향한 창문을 열고 전에 하던 대로 하루 세 번씩 무릎을 꿇고 기도하며 그의 하나님께 감사하였더라."(단 6:10)

바울도 이 기도의 능력을 체험한 자였다. 그래서 그는 감옥에서도 찬송하고 기도했다.

> "한밤중에 바울과 실라가 기도하고 하나님을 찬송하매 죄수들이 듣더라." (행 16:25)

기도하면 감사할 수 있고 나를 향하신 하나님의 신실하신 계획을 알 수 있기 때문이다. 그래서 바울은 분명히 가르친다. '하나님의 선하시고, 기뻐하시고, 온전하신 뜻이 무엇인지 분별'하는 것이 중요하다 것을.

> "너희는 이 세대를 본받지 말고 오직 마음을 새롭게 함으로 변화를 받아 하나님의 선하시고 기뻐하시고 온전하신 뜻이 무엇인지 분별하도록 하라." (롬 12:2)

앞에서 '교회는 잔칫집이다.'는 사실을 확인한 바 있다. 그런데 우리의 삶은 잔치하듯 살지 못한다. 기쁨을 잃고 탄식하며 살아간다. 여러 가지 이유가 있겠지만 염려와 두려움 때문이다. 이 모든 악순환의 고리를 끊어 버리는 것이 기도다.

> "6 아무 것도 염려하지 말고 다만 모든 일에 기도와 간구로, 너희 구할 것을 감사함으로 하나님께 아뢰라. 7 그리하면 모든 지각에 뛰어난 하나님의 평강이 그리스도 예수 안에서 너희 마음과 생각을 지키시리라." (빌 4:6-7)

하나님은 응답을 주시기 전에 기도할 마음을 주시고, 기도의 자리로 이끌어 주신다. 시대마다 부흥의 역사를 주시기 전에 먼저 기도의 부흥이 일어나게 하셨다. 인생의 부흥은 하나님이 주신다. 영원한 승리도 하나님께 있다. 사람이 가져다 준 승리는 오래가지 못한다. 그래서 우리는 기도를 배워야 하고, 기도의 능력을 증언해야 한다. 교회는 계산하여 이윤을 챙기는 곳이 아니다. 의논하여 하나님의 뜻을 계산하는 곳도 아니다. 오히려 기도로 하나 됨을 경험하는 곳이다. 기도하여 현실의 장벽을 넘어서는 곳이다.

기도의 자리에서 기적이 시작된다

그래서 나는 새벽 기도가 일상이 되지 않는 사람에게 교회의 중한 직책을 맡기지 않는다. 기도를 모르는 사람, 기도가 안 되는 사람은 결코 하나 되지 못하고, 궁극적으로 '아멘'을 못한다. 강도 같은 생각에 갇혀 있기에 결국 목사의 대적자가 된다. 어떤 권사의 간증이다. 하루는 술 먹는 남편이 기도하지 않고 매일 자는 권사 부인을 깨우더라는 것이다. 이유인즉 '오늘 중요한 계약 있으니 기도 좀 해 주라.'는 부탁을 하기 위해서다. 부끄러웠다고 한다. 자녀가 깨우는 경우도 있다. "엄마는 기도 안 해?"

지금껏 부인이 기도해서 남편을 구원하지 못한 경우를 보지 못했다. 부인이 변함없이 기도하면 남편은 반드시 돌아온다. 우리 교회 그런 남편들이 참 많다. 부인이 새벽 기도갈 때 불 켠다고 화를 냈던 남편, 교회 수련회 갈 때 소주를 몰래 숨겨갔던 남편, 이제는 부인 없이도 새벽에 나와 기도한다. 수많은 노년의 영혼을 위해 오늘도 기도하는 늘기쁨요양원 이사장 장종순 안수 집사의 간증이다. 박금숙 권사의 경우는 평생 도박에 빠져 살아가는 남편 구원을 위해 양말을 주머니에 넣고 다니며 기도했다. "하나님! 지금은 남편의 양말만 왔지만 언젠가는 이 양말 신은 남편이 예배에 나올 것을 믿습니다." 그 남편이 지금 우리 교회 안수 집사 노병완이다.

반대의 경우도 있다. 양승용 안수 집사 부인 김경화는 태어나서 아예 교회를 가본 적이 없는 사람이다. 나름대로 착한 삶을 사는 여인인지라 특별히 신앙의 필요성을 느끼지 못했다고 한다. 반면에 남편은 제대로는 아니었지만 종종 교회 출입은 했던 사람이다. 하지만 인생의 많은 풍파 앞에서 신앙도 포기하고, 술로 방탕한 삶을 살고 있었다. 우연히 우리 교회를 소개 받고 처음으로 수요 예배에 왔다. 그를 인도한 황병춘 집사가 앞쪽에 앉으니 그도 앞자리에서 예배를 드리게 되었다. 설교 후 찬송을 하는데 은혜가 임해서 눈물샘이 터졌다.

얼마 후 본인 스스로 주일 예배에 나와 등록을 하고 또 얼마 지나지 않아 두 아들을 등록시켰다. 설마했는데 꽤 오랫동안 예배 출석을 지속했다. 이때 아내 김경화는 이미 이혼을 생각하고 있었기에 무엇을 해도 믿어 주지 않는 상황이었다. 그런데 그 남편과 두 아들은 주일마다 헌금을 하면서 '아내를 구원해 주소서.', '엄마와 함께 예배드리게 해주세요.' 기도하는 중이었다.

수개월이 흐른 뒤 기적처럼 그 부인이 등록을 해서 예수님을 구주로 고백하고 신앙생활을 시작했다. 더 놀라운 사실은 그 부인은 새벽잠이 많아서 평생 새벽 관련된 일을 해본 적이 없는 사람이다. 그런데 우리 교회에서 새벽 예배하는 권사가 되었고, 이제는 한 교구를 책임지는 사역장 부부가 되었다. 그 두 아들은 샬롬스쿨에 재학 중인데 장남 민주는 미국 유학을 준비 중이다. 자녀의 구원도 마찬가지다. 부모가 포기하지 않고 기도하면 반드시 자녀의 열매를 보게 된다. 지금 교회가 길을 잃은 것은 코로나 때문이 아니다. 방역 수칙을 준수하지 않아서도 아니다. 기도하지 않아서다.

최근 광주청사교회는 '샬롬마룻바닥기도회'를 시작했다. 매주 목요일 열리는 '샬롬마룻바닥기도회'는 누구든지 마룻바닥에 앉아 부르짖는 자리다. 이 기도회가 미국의 '건초더미기도회'와 같은 역사로 흘러가도록 기도하는 중이다. '샬롬'과 '마룻바닥'이라는 단어는 절묘하게 연결되어 있다. 샬롬의 때에 마룻바닥을 기면 샬롬의 시대가 영원히 가지만 목에 힘을 주고 교만해지면 단번에 추락하고 만다. 또한 낮은 자리 마룻바닥에서 샬롬의 은혜, 샬롬의 기적을 경험하게 된다.

나의 소원은 우리 자녀들에게 이 비밀을 가르치는 것이다. 요즘 젊은 세대들은 '마룻바닥'에 앉지도 않고 그 의미를 알지도 못한다. 하지만 장년들은 다르다. 방석만 봐도 가슴이 뛴다고 한다. 그 방석 위에서 주님을 만났고, 사명을 확인했던 추억 때문이다. 또한 그 방석 앞에서 교만한 자신을 내려놓는다고 했다. 코로나 사태로 마음껏 외부 활동을 할 수 없다고 언제까지 불평할 것인가. 지금의 위기를 오히려 위대한 기회로 만들자. 마룻바닥에서 하나님을 만나자. 영적인 진보의 시간으로 만들자. 기도의 자리에서 기적이 시작된다.

기도하자, 우리 마음 합하여! 교회는 '기도하는 집'이다.

04

교회는 영생의 말씀이다

"1 그 때에 예수께서 성령에게 이끌리어 마귀에게 시험을 받으러 광야로 가사 2 사십 일을 밤낮으로 금식하신 후에 주리신지라. 3 시험하는 자가 예수께 나아와서 이르되 네가 만일 하나님의 아들이어든 명하여 이 돌들로 떡덩이가 되게 하라. 4 예수께서 대답하여 이르시되 기록되었으되 사람이 떡으로만 살 것이 아니요 하나님의 입으로부터 나오는 모든 말씀으로 살 것이라 하였느니라 하시니"(마 4:1-4)

인간에게 먹는 일은 중요하다. 그러나 인간은 육신의 배가 불러도 완전한 만족을 느낄 수 없다. 인간은 하나님의 말씀으로 영혼이 충만하기 전까지 참된 행복을 얻을 수 없다. 이 세상을 다 가졌어도 예수님을 얻지 못하면 영혼이 굶주린 자이다. 그러나 세상적으로는 가난해도 예수님을 얻은 자는 모든 것을 가진 자이다. "주여 영생의 말씀이 주께 있사오니 우리가 누구에게로 가오리이까."(요 6:68)라는 베드로의 고백이 이 시대 우리 모두의 고백이 되어야 한다.

밥 먹는 프로그램에 집중하는 시대

오래 전부터 TV에 밥 먹는 프로그램이 등장하기 시작했다. '삼시세끼', '한끼줍쇼', '냉장고를 부탁해', '집밥 백선생', '수요미식회', '3대천왕', '오늘 뭐먹지?', '강호대결 중화대반점', '맛있는 녀석들', '식신로드' 등 엄청나게 많다. '나는 자연인이다'도 그렇다. 유튜브 채널에도 엄청난 사람들이 먹방을 찍고 있다. 놀라운 사실은 '이게 뭐야?' 하는데 그 프로그램이나 채널에 집중하게 된다는 것이다. 왜 그럴까? 크게 두 가지 이유가 있는 것 같다.

< 이유 1 > 많은 사람들이 한 끼 식사의 여유도 없이 살아가기 때문이다. 그래서 프로그램이나 먹방 채널을 통해서라도 제대로 된 식사를 즐기고 싶어 한다.

< 이유 2 > 식욕은 인간의 가장 본능적인 욕구이기 때문이다. 그런데 이 시대 많은 사람들이 이런 저런 이유로 이 욕구를 통제받고 있다. 그래서 이런 프로그램을 통해서 대리 만족을 느낀다.

예수님 당시 수많은 군중이 예수님을 따른 것도 배부르고 싶어서였다. 마귀는 이 내용을 잘 알고 있다. 그래서 예수님이 40일 금식하신 후 밥 이야기를 꺼낸 것이다.

"하나님의 아들이거든 이 돌을 가지고 햇반을 만들어 보거라."
"찌개를 만들어 봐라."

"삼겹살을 만들어 봐라."는 식이다.
'따뜻한 밥에 스팸을 살짝 익혀 먹는다면?'
'따뜻한 밥에 김을 싸서 먹는다면?'
'해외 여행 중 신라면 한 그릇을 먹는다면?'

해외 여행을 교인들과 많이 해 봐서 아는데 배고픔 앞에 친절해지는 사람은 없다. 배고픔 앞에 서러움, 분노 등 다양한 감정이 교차한다. 사람들은 살기 위해 먹는다고 하지만 가만히 보면 먹기 위해 사는 것 같다. 먹는 일을 해결하는 것은 가장 중요하고 큰일이다. 가이드의 최고의 사명 중의 하나도 식당 정하는 일이다. 조금 서글픈 이야기지만 옛날 어른들이 자녀 결혼을 서두른 것도 가난한 형편에 입 하나 줄이기 위함이었다. 그만큼 먹는 일은 큰일이다. 우리 주변에 여전히 한 끼 식사를 고민하는 분들이 있다. 교회가 외면치 말아야 할 대상 중의 하나이다.

사람이 떡으로만 살 것이 아니요

그런데 문제는 먹고 사는 문제가 해결되었는데도 여전히 배고픈 자들이 있다는 것이다. 이제는 '만족합니다' 할 법도 한데 여전히 '더, 더, 더' 하고 있다. 심지어 다른 사람 것을 빼앗기까지 한다. 사람은 만족이 없다. 아무리 좋은 것을 먹고 좋은 것을 보아도 뒤

돌아서면 다시 배고프다. 이런 경험을 자주 한다. 정말 맛있는 집을 찾아 식사를 했는데 오는 길에 배가 고프다. 또 다른 맛집을 찾기 시작한다. 어느 순간 지나면 갈 맛집이 없다. 나중에는 편히 먹을 수 있는 우리 집이 제일 좋다. 예수님께서 이 부분을 명쾌하게 정리해 주셨다.

"예수께서 대답하여 이르시되 기록되었으되 사람이 떡으로만 살 것이 아니요 하나님의 입으로부터 나오는 모든 말씀으로 살 것이라 하였느니라."(마 4:4)

궁극적으로 예수님이 하신 말씀은 "나를 먹고 마시라."는 것이다.

"51 나는 하늘에서 내려온 살아있는 떡이니 사람이 이 떡을 먹으면 영생하리라. 내가 줄 떡은 곧 세상의 생명을 위한 내 살이니라 하시니라. 52 그러므로 유대인들이 서로 다투어 이르되 이 사람이 어찌 능히 자기 살을 우리에게 주어 먹게 하겠느냐 53 예수께서 이르시되 내가 진실로 진실로 너희에게 이르노니 인자의 살을 먹지 아니하고 인자의 피를 마시지 아니하면 너희 속에 생명이 없느니라. 54 내 살을 먹고 내 피를 마시는 자는 영생을 가졌고 마지막 날에 내가 그를 다시 살리리니 55 내 살은 참된 양식이요 내 피는 참된 음료로다."(요 6:51-55)

선택 사항이 아니다. "살을 먹고 피를 마셔야 영생을 얻고 마지막 날에 다시 산다." 하신다. 도대체 무슨 말인가? 실제로 이 말씀 때문에 기독교가 오해를 받고 핍박을 당한 적도 있다. 여러분은 이 말씀의 의미를 바로 이해하고 있는가? 도대체 '주님이 주시는 떡(밥)으로 만족하지 말고 아예 예수님을 먹고 마시라.'는 말씀의 의미가 무엇인가? 예수님 당시 무리들은 "이 말은 어렵도다."며 수군댔다.

> "60 제자 중 여럿이 듣고 말하되 이 말씀은 어렵도다. 누가 들을 수 있느냐 한대 61예수께서 스스로 제자들이 이 말씀에 대하여 수군거리는 줄 아시고 이르시되 이 말이 너희에게 걸림이 되느냐"(요 6:60-61)

실제로 많은 사람들이 예수님을 떠났다.

> "그때부터 그의 제자 중에서 많은 사람이 떠나가고 다시 그와 함께 다니지 아니하더라."(요 6:66)

오늘을 사는 우리도 이 문제에 대한 답을 가져야 교회다움을 회복할 수 있다. 특히 코로나 시대에 교회가 그렇다.

예수님의 말씀으로 배부르게 하라

요한복음 6장에 '떡'이라는 말이 무려 21번이나 나온다. 얼핏 보면 떡 이야기 같지만 예수님 이야기다. 다시 말해 '예수님을 믿으라.'는 것이다. 이 말씀은 이 시대 교회가 무엇에 집중해야 하는지를 보여주는 정확한 가르침이다. 교회가 육적 양식을 나눠주는 수준에 머물러 있으면 안 된다는 소리다. 그런 교회는 코로나 시대에 다 길을 잃어 버렸다. 예레미야 선지자가 고백한 대로 치욕을 경험하고 있다. 코로나 시대에 하나님이 교회에 요구하시는 것은 분명하다.

'본질로 돌아가라.'
'예수님을 먹고 마시라.'
'예수님의 말씀으로 배부르게 하라.'

언젠가 예레미야 애가를 묵상하는 중 선지자의 눈물의 기도가 우리의 눈물인 것 같아서 가슴이 울컥해진 적이 있다. 교회가 말씀을 바르게 선포하지 아니하고 성도들이 말씀대로 행하지 아니할 때 경험한 처참한 역사를 확실하게 보여주는 말씀이다. 코로나 시대에 우리가 겪는 아픔과 정확히 일치한다. 해결책이 무엇인가? 말씀으로 돌아가는 것이다. 말씀을 먹고 예수님을 먹는 교회로 다시 서야 한다.

예레미야 애가서는 B.C. 586년 바벨론에 의해 예루살렘 성전이 무너지고 예루살렘이 폐허가 된 채 수많은 사람들이 포로로 끌려가는 이스라엘 민족의 비극을 배경으로 한다. '슬프다 이 성이여'(애 1:1), '밤에는 슬피 우니'(애 1:2), '시온의 도로들이 슬퍼함이여'(애 1:4). 영화의 한 장면과 같다. 당시 그들이 경험한 치욕의 내용을 살피면 다음과 같다.

<치욕 1> 기업과 집들이 이방인들에게 돌아갔다.

"우리의 기업이 외인들에게, 우리의 집들도 이방인들에게 돌아갔나이다."(애 5:2)

여기서 '기업'은 '유산'의 의미가 있는데 이스라엘 백성들이 하나님께 유업으로 받은 가나안 땅을 말한다. 그런데 이스라엘 백성들이 말씀의 원리를 떠나 자신들 마음대로 살아가니 그 영광의 땅을 상실하고 포로의 신세가 되었다는 것이다. 이 시대 우리는 코로나의 포로가 된 것과 같은 상황이다. 지금은 코로나 바이러스가 왕이다. 그로 인해 모든 계획이 물거품이 되었고, 내일 일을 예측할 수조차 없다. 우연일까? 그렇지 않다. 하나님이 모두 흩어버리신 것이다. 그 역사를 막을 자는 이 땅에 없다. 그래서 지금 우리가 붙들어야 할 것은 말씀이다.

그런데 지금도 많은 사람들은 말씀의 원리에 맞는 것인가를 묻는 것이 아니라 돈이 되는가를 따진다. 결혼도 마찬가지다. 하나님의 뜻에 맞는 결혼인가가 아니라 내 눈에, 내 마음에 드는 사람인가에 더 포인트를 둘 때가 많다. 어리석다. 사람은 떡으로만 살지 못한다. 이것들로 배부를 것 같지만 끊임없이 목마를 뿐이다. 코로나 바이러스 앞에 우리는 모든 것을 내려놓아야 한다. 그리고 주님을 붙들어야 한다. 주님만이 소망이고, 기쁨이다.

<치욕 2> 뒤쫓는 자들이 목을 눌러 기진하게 되었다.

> "우리를 뒤쫓는 자들이 우리의 목을 눌렀사오니 우리가 기진하여 쉴 수 없나이다." (애 5:5)

여기서 '기진하여'라는 말은 '숨이 차다', '피로하다', '나약한' 등의 뜻이다. 한마디로 강한 용사로 살다가 순식간에 패배자가 되었다는 이야기다. 더 비참한 모습이 예레미야 애가서 5장 6절에 나오는데 "우리가 애굽 사람과 앗수르 사람과 악수하고 양식을 얻어 배불리고자 하였나이다."는 말씀이다. 즉, 살기 위해 이리 붙었다 저리 붙었다 하는 신세가 되었다는 이야기다.

하나님의 말씀으로 살아난다

이스라엘 백성이 은혜 안에 있을 때에는 두려울 것이 없었다. 심지어 수많은 대적들이 이스라엘을 치러 왔지만 이유 같지 않은 이유로 다 굴복당하고, 패배를 경험했다. 결국 대적들에게 예루살렘은 난공불락의 요새였다. 그런데 하나님의 은혜의 손이 사라지고 나니 순식간에 패망의 나라가 된 것이다. 예레미야 선지자의 표현대로라면 악한 세력에게 목덜미를 잡힌 채 살아가는 신세가 되었다. 요즘 코로나 앞에 갈 바를 모르고 비틀대는 우리의 모습과 같다.

사무엘상 7장에 미스바 전투 장면이 나온다. 그 곳에서 이스라엘 백성들은 모두 이방신을 버리고 전심으로 하나님을 섬기기로 결단한다. 그리고 사무엘과 함께 기도하고, 예배했더니 대승리를 허락해 주셨다. 승리 후 스스로 고백하는 말이 '에벤에셀'이었다.

다시 말해 '우리가 어떻게 여기까지 왔는가?'인데 결국 하나님이 세우신 신기록 앞에 놀라는 것이다. 즉, 우리가 말씀의 원리대로만 행하면 무슨 일이든지 다 전설이 되고 신기록이 될 수 있다.

요즘 들어 교회를 극도로 무시하고, 함부로 대하는 자들을 자주 만난다. 얼마 전에는 소방관이 우리 교회 예배 시간에 문을 '팍' 열고 들어온 일이 있었다. 교회 주변에 불이 났는데 차량이 소화전을 막고 있어서 급히 들어온 것이다. 심지어 들어와서 소리까지 질렀다. 그것도 설교 중에 말이다. 부목사가 급히 수습을 했지만 설교 내내 화가 났다. 일종의 트라우마 증상이다. 평상시 같으면 얼마든지 용납할 만한 일이지만 코로나 이후 방역을 핑계 삼아 외부 사람들이 예배 시간에 들어와서 소란을 피우니 내 안에 분노가 생긴 것이다. 어쩌다가 교회가 이렇게 되었는가?

< 치욕 3 > 아이들이 나무를 지다가 엎드러졌다.

"청년들이 맷돌을 지며 아이들이 나무를 지다가 엎드러지오며"
(애 5:13)

말씀의 원리를 떠나는 순간 자녀들의 삶이 피폐해진다는 것이다. 우리 자녀들이 맷돌을 지며 나무를 지다가 쓰러져야 하겠는가? 그래서 나는 같은 신앙을 후대에 전수하는 것이 우리 부모 세대의 최대 사명임을 거의 매일 예배에 선포하고, 기도 제목을 삼고 있다. 교회에 속한 청년들과 자녀들이 노예들처럼 살면 안 되기 때문이다. 그래서 말씀의 원리를 떠나지 않고 살아갈 수 있도록 훈련하는 신앙특성화학교 샬롬스쿨까지 세웠다.

미국과 우리나라의 큰 차이점은 결국 부모 세대의 영적 수준의 차이다. 우리나라 부모 세대가 귀신 섬기는 역사를 만들었다면 미국의 부모 세대는 하나님 섬기는 문화를 만들었다. 청교도들은 지금도 이 땅에서의 출세보다 오직 신앙 전수에 관심을 두고 살아간다. 혹시 지금도 신앙과 상관없이 출세에만 관심을 두고 있다면 속히 말씀의 원리대로 돌아가야 한다. 그래야 맷돌지고 신음하는 인생이 아니라 춤추는 인생들로 살아갈 수 있다.

< 치욕 4 > 시온 산이 황폐하여 여우의 놀이터가 되었다.

> "시온 산이 황폐하여 여우가 그 안에서 노니이다."(애 5:18)

성경에서 시온 산은 하나님의 임재와 통치를 상징한다. 그래서 요한계시록에도 십사만 사천 주의 종들이 '시온 산에 섰다.'는 내용이 나온다.

> "또 내가 보니 보라 어린 양이 시온 산에 섰고 그와 함께 십사만 사천이 서 있는데 그들의 이마에는 어린 양의 이름과 그 아버지의 이름을 쓴 것이 있더라."(계 14:1)

그런데 이스라엘 백성들이 말씀의 원리를 떠나 살면서 결국 시온 산을 황폐하게 하는 주범이 되고 말았다. 다시 말해 하나님의 영광을 가리게 되었다는 것이다. 정말 가슴 아픈 이야기지만 시대마다 수십억의 헌금과 성도들의 눈물의 헌신으로 세워진 예배당들이 술집으로 팔려가는 역사가 반복되고 있다. 지금 우리도 그 역사를 경험하고 있다. 예배당에 마음대로 들어가지 못한다. 정부의 허락이 있어야 예배할 수 있다.

무엇이 문제인가? 결국 그 예배당에서 하나님을 전심으로 예배해야 할 우리가 하나님 보시기에 타락했기 때문이다. 일주일에 한 번 적당히 예배하는 수준으로 전락하니 결국 그 고귀한 예배당이 여우들의 놀이터가 되고 말았다. 결코 건물은 본질이 아니다. 그 건물 안에 있는 하나님의 백성들이 본질이다. 그래서 택함 받은 주의 백성들이 어떻게 하느냐에 따라서 시온 산은 영광의 성산이 될 수도 있고, 여우의 놀이터가 될 수도 있다.

우리가 평생 잊지 말아야 할 것은 하나님이 우리를 구원하시고 여전히 이 땅에 남겨 두신 것은 세상 나라 가운데 하나님의 영광을 선포하고, 하나님 나라 확장의 밀알이 되라는 것이다. 그래서 성도는 끝까지 예배하고, 말씀의 원리대로 살아야 한다. 더 이상 우리의 교회와 가정들이 여우들의 놀이터가 되는 것을 두고 보아서는 안 된다. 따지고 보면 이 세상에서 우리의 진정한 보호자 하나님보다 큰 존재는 없다. 그러니까 우리가 말씀의 원리대로만 행하면 모든 역사를 그분의 뜻대로 이루어 가실 것이다. 굳이 세상에 아부할 필요가 없다. 두려워 떨 필요도 없다. 지금 우리에게 필요한 것은 말씀으로 교회와 우리의 신앙을 점검하는 것이다. 건물을 지을 때 가장 중요한 내용은 두말할 것 없이 설계도대로 진행되는가의 여부이다. 그렇지 않으면 문제가 생긴 순간 그 건물은 내 건물이 아니기 때문이다.

영생의 말씀이 주께 있사오니

코로나 사태로 인해서 교회들마다 대지각 변동이 일어나고 있다. 교인들이 새로운 차원의 설교들을 접하게 된 것이다. 또한 비대면 예배 때문에 집중력, 참여도가 현저하게 떨어졌다. 그래서 목사들이 부랴부랴 말씀 사역을 보완하기 시작했다. 하지만 하루아침에 목회 스타일과 설교가 달라지는 것은 아니다. 교인들의 체질이 바뀌는 것도 그렇다. 지금껏 영적 만족은 다른 통로를 통해서 해결했고, 교회 활동들로 버텼는데 다 막혀 버린 것이다. 하지만 오히려 지금이 기회다. 잘못된 신앙에서 돌이켜야 한다. 예수님의 살을 먹고, 피를 마시는 교회로 다시 서야 한다.

단언컨대 교회 말고 영혼이 배부를 수 있는 곳은 없다. 극장, 공연, 도서관은 모두 마음을 달래는 곳이지 영혼의 양식을 주는 곳이 아니다. 한 끼 식사를 위해서는 노숙자들이 '밥퍼 공동체' 최일도 목사님을 찾아가면 된다. 그러면 영혼의 배고픔은 어디서 해결하는가? 바로 교회이다. 나는 우리 교회가 말씀 충만한 공동체이기를 원한다. 이제 좋은 교회, 좋은 목사를 평가하는 기준이 달라질 것이다. 얼마 전 방송국을 통해서 '광주청사교회는 기도가 뜨거운 교회'라고 인정을 받았다. 하나님이 주신 위로 같았다. 앞으로 '말씀이 충만한 교회'라는 소문도 넘치기를 간절히 원한다. 아울러 말씀대로 살아서 만들어 낸 '간증이 넘치는 교회'가 되고자 한다. 예수님 당시 제자들의 고백이 도전이 된다.

> "시몬 베드로가 대답하되 주여 영생의 말씀이 주께 있사오니 우리가 누구에게로 가오리이까."(요 6:68)

이 세상의 것들은 결국 모두 사라진다. 어리석은 자는 사라져버릴 세상에 자신의 인생을 바친다. 그러나 지혜로운 자는 영원을 사모하고 영원을 붙든다. 예수님은 "나는 생명의 떡이니 내게 오는 자는 결코 주리지 아니할 것이요 나를 믿는 자는 영원히 목마르지 아니하리라."(요 6:35) 말씀하신다. 말씀의 홍수 시대에 교회들마다 생수의 강이 흐르게 해야 한다. 교회는 천국의 영원한 생명을 주는 '영생의 말씀'이다.

05

교회는 견고한 진이다

"3 우리가 육신으로 행하나 육신에 따라 싸우지 아니하노니 4 우리의 싸우는 무기는 육신에 속한 것이 아니요 오직 어떤 견고한 진도 무너뜨리는 하나님의 능력이라. 모든 이론을 무너뜨리며 5 하나님 아는 것을 대적하여 높아진 것을 다 무너뜨리고 모든 생각을 사로잡아 그리스도에게 복종하게 하니"(고후 10:3-5)

우리가 사는 세계는 눈에 보이는 세계와 눈에 보이지 않는 세계가 있다. 눈에 보이지 않는 영적인 세계가 눈에 보이는 물질 세계를 다스린다. 그래서 성경은 우리에게 항상 영적으로 깨어서 기도하라고 강권한다. 우리의 씨름은 혈과 육을 상대하는 것이 아니다. 하나님의 전신갑주를 취하여 전심전력으로 영적 전투에 임해야 한다. 교회는 하나님 나라를 이루어가는 영원한 요새요, 굳건한 반석이요, 견고한 진이다.

하나님 나라와 이 세상 나라

초기 한국 교회가 전한 복음의 내용은 크게 두 가지로 한정된다. 하나는 '예수 믿고 천당가자.' 또 하나는 '예수 믿고 복 받자.'였다. 틀린 말은 아니지만 복음을 온전히 이해하고 전한 내용은 아니다. 이 외침으로 우리는 두 가지 병폐를 경험하게 되었다.

<병폐 1> 우리의 신앙이 이분법적 사고에 갇히게 되었다.

그래서 이 세상과 담을 쌓는 교회가 되었고, 오늘의 삶을 저주하는 수준의 신앙에 이르렀다. 흔한 말로 "천국이나 콱 가버리면 좋겠다." 수준의 이야기가 여기서 나온 것이다.

<병폐 2> 기복 신앙으로 흘러가서 욕심쟁이가 되고 말았다.

그래서 한국 교회 성도들은 지금도 '배고파'하는 중이다. 자족하는 신앙이 없고 나누는 데 여전히 인색하다. 어떤 면에서 예수님이 필요한 것은 재산을 지키기 위함이 아닌가 오해할 정도이다. 뿐만 아니다. 고난을 대하는 태도가 부정적이다. 고난을 저주로 받아들인다. 그런데 성경은 '고난이 유익이다.'라고 가르친다. 옳은 소리다. 고난 중에도 하나님의 뜻이 이루어진다. 견디는 영성이 필요한데, 그 부분에 대해서 바른 가르침이 없었고 훈련 받지 못했다.

그런데 최근 교회가 소개하는 복음의 주제들이 조금씩 바뀌고 있다. 이를테면, 치유, 상담, 인격, 성품, 묵상, 명상, 비움, 자기 성찰, 영적 건강 등. 그나마 다행이다. 하지만 이 주제들도 기독교 복음의 핵심이 아니다. 어떤 의미에서 이런 것들은 이방 종교가 더욱 발전시켰는지도 모른다. 그렇다면 기독교 복음의 핵심 메시지는 무엇인가? 바로 '하나님 나라'다. 예수님은 십자가에 죽으시기 전에도 부활하신 후에도 일관되게 하나님 나라에 관하여 말씀하셨다.

> "20 바리새인들이 하나님의 나라가 어느 때에 임하나이까 묻거늘 예수께서 대답하여 이르시되 하나님의 나라는 볼 수 있게 임하는 것이 아니요 21 또 여기 있다 저기 있다고도 못하리니 하나님의 나라는 너희 안에 있느니라."(눅 17:20-21)

> "그가 고난 받으신 후에 또한 그들에게 확실한 많은 증거로 친히 살아 계심을 나타내사 사십 일 동안 그들에게 보이시며 하나님 나라의 일을 말씀하시니라."(행 1:3)

그런데 제자들은 이 부분을 오해하고 있었다. 그래서 예수님께 질문했다. "이스라엘 나라를 언제 회복하십니까?"(행 1:6). 제자들은 여전히 민족적 자주 독립을 생각하며 물은 것이다. 이스라엘 백성들은 앗수르 시절부터 거슬러 올라가면 거의 600년이라는 긴 세월 동안 자주적인 독립 국가로서의 행세를 한 세월이 별로 없었다. 앗수르, 페르시아, 바벨론, 로마 제국의 지배를 받으면서 끊임없는 고난의 역사를 온 몸으로 견디며 살았다. 그래서 그들은 기회가 있는 대로 그 나라 회복에 관하여 '묻자와' 한 것이다.

그러나 예수님이 말씀하신 나라는 세상 나라가 아닌 하나님의 나라였다. 그런 관점에서 이 세상에는 두 개의 나라가 존재한다. 하나는 눈에 보이는 '대한민국'이고 다른 하나는 눈에 보이지 않는 '하나님 나라'이다. 신자의 삶이 어려운 것은 하늘 시민권자인데 여전히 눈에 보이는 이 세상에 살고 있기 때문이다. 세상의 물건도 사용하고 세상의 언어도 사용한다. 하지만 신자의 관심은 끝까지 하늘의 뜻이 이 땅에 이루어지는 것이어야 한다.

요양원 사역에 부어주시는 은혜

나는 우리 교회 장종순 집사, 정선아 권사가 운영하는 늘기쁨요양원에 주일 예배와 수요 예배를 부목사와 함께 인도한다. 예배드릴 때마다 일반 예배와 다른 감동과 뜨거움을 경험한다. 그런데 코로나 사태로 이 예배마저 중단되고 말았다. 고심 끝에 비대면 예배를 열었다. 한번은 영상으로 어르신들을 보는데 마음이 울컥했다. 한 주 한 주가 다르게 늙어간다는 생각이 들어서다. 그렇지 않아도 살고 싶은 마음이 없다 하신 분들이 많다. 때론 자녀들이 빨리 떠나기를 원하는 경우도 있다. 일일이 다 나열할 수 없을 만큼 다양한 사연들을 간직하고 살아가는 곳이다. 문득 '저 자리에 내가 있다면 나는 어떨까?', '우리 부모님이라면 어떨까?'라는 생각이 들었다. 하나님께 조용히 물었다. "하나님 왜 이미 구원받은 자들인데 저 자리에 초라하게 세워두셨습니까?", "주님 품으로 부르시는 것이 더 영광스럽지 않을까요?" 여러분의 생각은 어떤지 궁금하다.

주님이 분명한 응답을 주셨다. '그 자리에서 해야 할 일이 있기 때문'이라는 것이다. 또 생각했다. '저 자리에서 무슨 일을 할 수 있을까?' 그때 성령께서 정확하게 세 가지 사명을 말씀해 주셨는데 무릎을 치며 감사했다. 크게 세 가지다. 그래서 설교 중 그 사명을 새겨주며 함께 울었다. "제발 이 사명 완수하자."고 외쳤다.

<사명 1> 광주청사교회 부흥을 위해 기도하라
<사명 2> 늘기쁨요양원의 승리를 위해 기도하라
<사명 3> 남겨진 가족을 구원하라

사명의 관점에서 그분들을 다시 보니 새로웠다. 더 이상 초라한 노인이 아니라 하나님 나라 확장의 주역들로 느껴졌다. 어떤 의미에서 가장 치열한 전투를 치르는 하나님 나라의 전사라는 마음까지 들었다. 그 순간 늘기쁨요양원이 한없이 귀하고 귀했다. 만약 예배하고, 기도하는 이 요양원이 없었다면 어떻게 힘없는 노인 스스로 주어진 사명을 완수할 수 있겠는가? 영혼은 괴사 상태에 이를 것이며 가족들에게는 큰 짐이 될 뿐이다. 그래서 나는 이 일을 책임지고 있는 두 부부를 진심으로 축복하고 사랑한다. 이들 부부는 숨질 때까지 찬송하는 일에 통로가 되고 싶다며 전 재산을 드려 이 일을 감당하고 있다. 노인을 그냥 노인으로 보면 할 수 없는 일이다. 하지만 하나님 나라의 안목에서 노년의 영혼을 대하기에 기쁨으로 그 길을 갈 수 있는 것이다.

종종 장례식장에서 회개하고 돌아온 자녀들을 보았다. 요양원에 계셨던 부모가 세상을 떠날 때 "예수님 믿으라."는 유언 한마디에 결단한 것이다. 심지어 입관을 하다가 돌이킨 자녀도 있다. 죽었는데 자는 것처럼 평안한 모습에 도전을 받았다고 한다. 이것이 구원 받았음에도 아직은 천당에 부르시지 않고 이 땅에 서 있게 하시는 이유다.

우리의 씨름은 혈과 육이 아니다

나는 사도행전을 좋아한다. 사도행전은 핍박과 고난 중에도 어떻게 하나님 나라가 건설되고 확장되었는가를 자세히 보여준다. 다시 말하지만 이 땅에 남겨진 우리의 관심은 오직 하나님 나라여야 한다. 예수님이 말씀하신 대로 '먼저 그 나라'여야 한다. 그런데 하나님 나라 건설과 확장이 쉽지 않다. 우리의 원수 마귀가 그 일을 방해하기 때문이다. 어떤 동네에 재개발을 하고자 할 때 수많은 변수가 있는데 가장 어려운 일은 마을 주민들의 반대일 것이다.

하나님 나라도 마찬가지다. 엄청난 반대와 공격, 핍박이 있다. 그것이 마귀의 존재 이유다. 사실 지금 우리가 누리는 샬롬의 은혜, 부흥의 영광은 다 우리 선조들이 흘린 피의 결과이다. 우연히 어느 날 우리에게 주어진 것이 아니라는 이야기다. 피 흘려 싸워 예배당을 세웠고, 선교의 역사를 이루었다. 문제는 오늘날 그리스도인들은 이 싸움에 관심이 없다. 더 정확한 표현은 이 싸움을 모른다. 그러니까 코로나를 그냥 코로나로 보는 것이다. 물론 우리 선조들도 그런 실수를 범했다. 신사 참배를 교단 차원에서 결의해 버린 일이다. 싸워야 하는데 타협해 버리고 말았다. 속은 것이다.

우리는 지금 '교회다움'에 관한 이야기를 나누고 있다. 길을 잃은 교회가 다시 전진하고 부흥해야 하는데 어디서부터 무엇을 시작해야 하는가? 그건 다름 아닌 교회 정체성의 회복이다. 그 중 하나가 바로 '전투하는 교회'로 돌아가는 것이다. 바울은 에베소 교회 성도들에게 하나님의 전신갑주를 입으라고 했다. 어떤 공격에도 무너지지 않도록 대비를 하라는 것이다.

> "11 마귀의 간계를 능히 대적하기 위하여 하나님의 전신 갑주를 입으라. 12 우리의 씨름은 혈과 육을 상대하는 것이 아니요 통치자들과 권세들과 이 어둠의 세상 주관자들과 하늘에 있는 악의 영들을 상대함이라. 13 그러므로 하나님의 전신갑주를 취하라. 이는 악한 날에 너희가 능히 대적하고 모든 일을 행한 후에 서기 위함이라."
> (엡 6:11-13)

베드로 사도도 "근신하라 깨어라."(벧전 5:8)고 했다. 다윗은 하나님을 '산성', '요새'라고 고백했다. 역시 전투를 알고 한 고백이다. 다윗은 단순히 사람과 싸운다 생각하지 않았다. 그래서 그는 인간적인 방법으로 원수를 갚지 않았다.

> "1 나의 반석이신 여호와를 찬송하리로다. 그가 내 손을 가르쳐 싸우게 하시며 손가락을 가르쳐 전쟁하게 하시는도다. 2 여호와는 나의 사랑이시요 나의 요새이시요 나의 산성이시요 나를 건지시는 이

시요 나의 방패이시니 내가 그에게 피하였고 그가 내 백성을 내게 복종하게 하셨나이다."(시 144:1-2)

킬링(killing) 없이 힐링(healing) 없다

하지만 이 시대 교회들은 전투하는 교회의 이미지를 의도적으로 감추어 버린다. 실제로 교회 안에 군대 용어가 많다고 비판하는 자들도 많다. 어리석은 소리다. 교회는 하나님의 군대다.

"하늘에 있는 군대들이 희고 깨끗한 세마포 옷을 입고 백마를 타고 그를 따르더라."(계 19:14)

킬링(killing) 없이 힐링(healing) 없는 법인데 위장된 평화의 이미지에 매몰되고 말았다. 예수님도 제자들을 파송하시면서 영적 전투에 관하여 여러 차례 말씀하셨다. 잡혀가고 고난당하며 죽임당한다고 했다. 요한계시록에서도 그런 싸움은 치열하게 묘사된다.

"7 그들이 그 증언을 마칠 때에 무저갱으로부터 올라오는 짐승이 그들과 더불어 전쟁을 일으켜 그들을 이기고 그들을 죽일 터인즉 8 그들의 시체가 큰 성 길에 있으리니 그 성은 영적으로 하면 소돔이라고도 하고 애굽이라고도 하니 곧 그들의 주께서 십자가에 못 박히신 곳이라. 9 백성들과 족속과 방언과 나라 중에서 사람들이 그 시체를 사흘 반 동안을 보며 무덤에 장사하지 못하게 하리로다. 10 이 두 선지자가 땅에 사는 자들을 괴롭게 한 고로 땅에 사는 자들

> 이 그들의 죽음을 즐거워하고 기뻐하여 서로 예물을 보내리라 하더라."(계 11:7-10)

> "용이 여자에게 분노하여 돌아가서 그 여자의 남은 자손 곧 하나님의 계명을 지키며 예수의 증거를 가진 자들과 더불어 싸우려고 바다 모래 위에 서 있더라."(계 12:17)

우리가 사는 이 시대에 이미 이 전투는 시작되었다. 예배 중단이 웬 말이고, 비대면 예배는 또 무엇인가? 이 문제를 두고 우리끼리 싸우는 것이 맞는가? 정신을 차려야 한다. 앞으로 교회를 향한 원수들의 불화살은 더 많아지고 강력해질 것이다. 대비해야 한다. 어떤 불화살을 맞고도 요동치지 않을 교회로 변화되어야 한다. 예배당 문을 지키며 죽어갈 수 있는 전사를 세워야 한다. 골리앗의 조롱 앞에 숨어버리는 사울이나 군대가 아니라 당당히 여호와의 이름을 붙들고 달려갈 소년 다윗으로 거듭나야 한다.

바울은 고린도 교회를 향한 편지에서 '견고한 진'이라는 말을 사용했다. 여기서 '견고한 진'은 헬라어로 '오쿠로마(οχυρωμα)'인데 원래 군사 용어로써 '견고한 요새'를 말한다.

> "우리의 싸우는 병기는 육체에 속한 것이 아니요 오직 하나님 앞에서 견고한 진을 파하는 강력이라: 모든 이론을 파하며 하나님 아는 것을 대적하여 높아진 것을 다 파하고 모든 생각을 사로잡아 그리스도에게 복종케 하니"(고후 10:4-5)

이미 이야기한 대로 다윗은 하나님을 '산성', '요새'라 했다. 그러나 사도 바울이 말한 '견고한 진'은 여호와 하나님이 아니라 여호와 하나님을 대적하는 견고한 진이다.

내가 하고 싶은 이야기가 여기에 있다. 우리 대적은 한 번도 대충 싸운 적이 없다. 전략적으로 움직이고, 조직적으로 움직인다. 그야 말로 '견고한 진'이다. 하지만 이 시대의 교회는 '견고한 진'의 모습을 찾아 볼 수 없다. 전략도 없고, 조직적이지도 않다. 적이 누구인지, 어떻게 싸워야 하는지조차 모르고 살아간다. 우리는 사사기를 통해서 싸우지 않고 타협한 결과의 참혹함을 확인할 수 있다. 좋은 것이 좋다는 식으로 살아갈 때 오히려 더 큰 가시를 품어야 했다. 우리에게 부흥이 없는 것은 싸우지 않아서다.

예수 교회 영영 왕성하리라

어떤 교회는 교회 조직을 '교구'로 하지 않고 '진'으로 한다고 했다. '교구장'도 '진장'으로 바꾸어 부른다는 것이다. 나도 바꿀 마음이 있다. 사실 교구, 목장의 개념은 시험에 들지 않도록 관리한다는 이미지가 더 강하다. 하지만 '진', '진장'의 느낌은 다르다. 물론 이름 바꾼다고 마귀가 도망하는 것은 아니지만 성도들에게 영적 전투를 새긴다는 측면에서 좋은 방법인 것 같다.

종종 우리 교회 적응이 어렵다며 떠난 자들이 있는데 그들의 고백 중 '이 교회는 너무 일사불란하다.'는 불평 아닌 불평이 포함되어 있다. 지금껏 만나 본 교회는 이런 분위기가 아니었다는 이야기다. 잘못된 생각이다. 교회는 마귀의 진보다 더욱 조직적이어야 하고, 일사불란해야 한다. 이단들은 우리와 싸울 때 이런 자세로 임한다. 그래서 교주가 감옥에 가도 요동치지 않는다.

교회가 무엇인가? 교회는 '견고한 진'이다. 교회가 더 이상 당나라 군대 취급 받는 일이 없어야 한다. 내가 좋아하는 찬송가 가사에도 이런 내용이 나온다.

> "[1] 믿는 사람들은 주의 군사니 앞서가신 주를 따라 갑시다. 우리 대장 예수기를 들고서 접전하는 곳에 가신 것 보라. [2] 원수 마귀 모두 쫓겨 가기는 예수 이름 듣고 겁이 남이라. 우리 찬송 듣고 지옥 떨리니 형제들아 주를 찬송합시다. [3] 세상 나라들은 멸망당하나 예수 교회 영영 왕성하리라. 마귀 권세 감히 해치 못함은 주가 모든 교회 지키심이라. [4] 백성들아 와서 함께 모여서 우리 모두 함께 개가 부르세. 영원토록 영광 권세 찬송을 우리 임금 주께 돌려 보내세."(찬송가 351장, 믿는 사람들은 주의 군사니)

이 중에서 정말 감동이 되는 부분은 '세상 나라들은 멸망당하나 예수 교회 영영 왕성하리라. 마귀 권세 감히 해치 못함은 주가 모든 교회 지키심이라.'이다. 예수님께서 말씀하셨다. "내가 이 반석 위에 내 교회를 세우리니 음부의 권세가 이기지 못하리라."(마 16:18b) 예수님의 말씀은 오늘 지금 이 순간도 동일하게 역사한다. 한국 교회여, 부디 '견고한 진'으로 다시 서자.

제2부

사랑하는 교회

06

교회는 사랑이다

"사랑하는 자들아 하나님이 이같이 우리를 사랑하셨은즉 우리도 서로 사랑하는 것이 마땅하도다."(요일 4:11)

사도 요한은 우리가 하나님의 사랑을 받은 사람들로서 서로 사랑하는 것이 마땅하다고 강조한다. 세상 사람들도 사랑을 이야기한다. 그러나 그것은 이기적인 사랑, 탐욕적인 사랑이 대부분이다. 바울은 말세에 나타날 현상에 관하여 말했다. "말세에 고통하는 때가 이르리니 사람들은 자기를 사랑하며 돈을 사랑하며 … 쾌락을 사랑하기를 하나님 사랑하는 것보다 더하며 …."(딤후 3:1-5 참조) 그렇다면 교회는 어떠한 사랑을 주어야 하는가? '교회다움' 즉, 정체성 찾는 이야기 여섯 번째 주제는 '사랑'이다.

가요에 담긴 사랑 이야기

어느 날 태진아 씨의 '진진자라'란 노래를 들었다. 가사는 다음과 같다.

> "진진자라 지리지리자 진진자라 지리지리자(x2)
>
> 바람처럼 왔다가 불꽃처럼 사랑하고 구름처럼 흘러가는 진진자라 지리지리자
>
> 진진자라 지리지리자 진진자라 지리지리자(x2)
>
> 강물이 흘러 흘러서 넓은 바다가 되듯이 사랑이 흘러 흘러서 진진자라 지리지리자
>
> 진진자라 지리지리자 진진자라 지리지리자(x2)
>
> 사랑은 장난이 아니야 사랑은 믿음인 거야 사랑은 소망인 거야 사랑은 기쁨인 거야
>
> 진진자라 지리지리자 진진자라 지리지리자(x2)
>
> 사랑해요 여러분 사랑해요 여러분 우리 모두 다 같이 진진자라 지리지리자
>
> 진진자라 지리지리자 진진자라 지리지리자(x2)
>
> 진진자라 지리지리자 진진자라 지리지리자(x2)
>
> 보석 같은 사랑이 하늘에서 내려와 나를 사랑하네요 진진자라 지리지리자
>
> 진진자라 지리지리자 진진자라 지리지리자(x2)
>
> 사랑해요 사랑해 당신만을 사랑해 목숨 바쳐 사랑해 진진자라 지리지리자

> 진진자라 지리지리자 진진자라 지리지리자(x2)
>
> 사랑은 장난이 아니야 사랑은 믿음인 거야 사랑은 소망인 거야 사랑은 기쁨인 거야
>
> 진진자라 지리지리자 진진자라 지리지리자(x2)
>
> 사랑해요 여러분 사랑해요 여러분 우리 모두 다 같이 진진자라 지리지리자
>
> 진진자라 지리지리자 진진자라 지리지리자(x2)"

엄청나게 긴 가사인데 특별한 내용은 없다. 그런데 이 노래가 인기가 있는 것은 사랑에 대한 갈망을 밝게 잘 표현했기 때문인 것 같다. 특히 '사랑은 장난이 아니야 사랑은 믿음인 거야 사랑은 소망인 거야 사랑은 기쁨인 거야 보석 같은 사랑이 하늘에서 내려와 나를 사랑하네요 진진자라 지리지리자'는 부분은 기가 막히다.

나는 이 노래를 듣는데 교회 생각이 났다. "본래 이 노래는 교회가 불러야 하는 것 아닌가"라는 생각을 깊게 했다. '사랑해요 사랑해 당신만을 사랑해', '진진자라 지리지리자 진진자라 지리지리자'. 그런데 이 시대 교회는 이미 사랑이 아니다. '진진자라 지리지리자'가 아니라 '지랄하네 지리지리자'가 되어 버렸다.

그런데 사도 요한이 분명히 외쳤다.

> "11 사랑하는 자들아 하나님이 이같이 우리를 사랑하셨은즉 우리도 서로 사랑하는 것이 마땅하도다. 12 어느 때나 하나님을 본 사람이 없으되 만일 우리가 서로 사랑하면 하나님이 우리 안에 거하시

고 그의 사랑이 우리 안에 온전히 이루어지느니라."(요일 4:11-12)

"20 누구든지 하나님을 사랑하노라 하고 그 형제를 미워하면 이는 거짓말하는 자니 보는 바 그 형제를 사랑하지 아니하는 자는 보지 못하는 바 하나님을 사랑할 수 없느니라. 21 우리가 이 계명을 주께 받았나니 하나님을 사랑하는 자는 또한 그 형제를 사랑할지니라." (요일 4:20-21)

"우리는 형제를 사랑함으로 사망에서 옮겨 생명으로 들어간 줄을 알거니와 사랑하지 아니하는 자는 사망에 머물러 있느니라."(요일 3:14)

사랑의 기본은 '고백'이다

이제 더 이상 교회가 싸우면 안 된다. 우리 모두 '교회는 사랑이다.'는 것을 가르치고 보여주어야 한다. 인사라도 '사랑합니다.'로 바꾸고 그리스도인의 사랑 영성을 실천해야 한다. 바울은 고린도 교회의 모든 문제의 해결키로 '더 큰 은사를 사모하는 것이다.' 했는데 '더 큰 은사'는 바로 사랑의 은사를 말한다.

"너희는 더욱 큰 은사를 사모하라. 내가 또한 가장 좋은 길을 너희에게 보이리라."(고전 12:31)

"그런즉 믿음, 소망, 사랑, 이 세 가지는 항상 있을 것인데 그 중의 제

일은 사랑이라."(고전 13:13)

중국 최대 전자상거래 기업인 알리바바 그룹 창업자 마윈 전 회장은 "성공하고 싶다면 EQ(감성 지수)를 높이고 지고 싶다면 IQ(지능 지수)를 높여라. 하지만 존경받고 계속 이기고 싶다면 LQ(사랑 지수)를 높여라."고 했다. 결국 사랑할 줄 아는 사람이 이기고 사랑받는 사람이 이긴다는 것이다.

그런데 안타깝게도 한국 교회는 금식, 선교, 제자 훈련 등에 대해서는 정말 많은 것들을 가르치고 훈련했는데 정작 사랑하는 법, 사랑주고 사랑받고 사는 법을 많이, 제대로 가르치지 않았다. 그래서 상당수 부부 관계가 깨져 있다. 당회도 제직회도 힘들어한다. 사장은 사장대로 직원은 직원대로 불만이 많고, 부모와 자녀, 형제들끼리도 결국 사랑하지 못해서 아파한다.

그렇다면 어떻게 사랑할 수 있고, 어떻게 해야 사랑받을 수 있는가? 여러 가지 내용이 있겠지만 광주청사교회를 섬기면서 깨달아 적용하고 실천한 소중한 원리 몇 가지가 있다.

< 원리 1 > 사랑의 기본, 출발, 완성은 고백이다.

사랑하고 싶고, 사랑받고 싶거든 고백을 잘해야 한다. 하나님과의 사랑도 결국 고백을 통해서 완성된다.

> "9 네가 만일 네 입으로 예수를 주로 시인하며 또 하나님께서 그를 죽은 자 가운데서 살리신 것을 네 마음에 믿으면 구원을 받으리라. 10 사람이 마음으로 믿어 의에 이르고 입으로 시인하여 구원에 이르느니라."(롬 10:9-10)

아가서를 봐도 이루어질 수 없는 사랑이 이루어지고 사랑이 깊어지는 것은 결국 고백을 통해서다. 물론 솔로몬의 고백이 먼저다. 그는 예쁘지 않은 사람에게 '예쁘다'는 고백을 해 주었는데 예쁜 곳을 찾아서 구체적으로 고백했다는 사실이 좀 특별하다. 결국 술람미의 고백을 바꾸어 버린다.

> "예루살렘 딸들아 내가 비록 검으나 아름다우니 게달의 장막 같을지라도 솔로몬의 휘장과도 같구나."(아 1:5)

교회로 치면 "내가 목사님을 만나 비로소 사람이 되었습니다.", 학교로 치면 "내가 선생님을 만나 엄청난 변화를 경험했습니다." 고백하는 것과 같다. 고백이 또 다른 고백을 불러일으키고 결국 깊은 사랑으로 이어지게 한다는 것을 알 수 있다. 어떤 목사가 교인을 사랑하지 않겠는가? 교사도 마찬가지다. 하지만 피차간의 고백이 없으면 그 사랑은 더 이상 앞으로 나아갈 수 없다. 담임 목사와 부교역자 사이도 마찬가지다. 담임 목사가 사랑을 주고, 마음을 표현했을 때 상대방이 반응을 해 준다면 사랑의 사이즈는 달라질 것이다. 자폐의 특징이 칭찬을 못하는 것이다. 나만 보고 살기 때문이다. 나는 목회하면서 교회 안에 사랑 자폐증 환자들이 너무 많다는 사실에 놀랐다. 마음은 그렇지 않는데 고백하지 못하는 것이다.

진심어린 마음으로 사랑하기

아가서를 보면 경쟁하듯 사랑 고백을 이어간다. 그냥 사랑이 깊어지고, 뜨거워지는 법은 없다. 입술을 열어야 한다. 기도하면서 깊은 관찰을 해서 깨달은 내용들을 주고받을 수 있어야 한다. 하지만 여전히 고백을 두려워한다. 자존심 때문이기도 하지만 근본적으로는 마귀 장난이다. 부디 고백을 결단하라. 목사와의 관계에서도 설교를 듣는 것만으로 끝내지 말고 설교를 통한 변화까지 공유하는 노력을 해보자. 요즘 문자가 있어서 얼마나 좋은지 모른다. 필요하면 분위기도 연출하고, 장소도 바꿔서 그 일을 해보라. 곰탕집에서의 고백과 분위기 있는 찻집에서의 고백은 다르다. 아침이 다르고, 오후가 다르다. 비 오는 날이 다르고, 화창한 날이 다르다. 지금껏 나는 교회적으로 중요한 논의를 할 때 항상 최고의 장소를 고집한다. 고백의 수준이 달라지기 때문이다.

또한 고백은 즉시 하는 것이 좋다. 감동을 주실 때 발견이 되었을 때 고백해야 제대로 된 변화를 경험할 수 있다.

< 원리 2 > 진정성 있는 태도로 사랑을 보여주어야 한다.

고백을 통해 사랑이 시작되는 것이 사실이다. 그러나 그 사랑이 깊어지고, 커지는 것은 또 다른 문제다. 사랑 지수를 높이는 두 번

째 중요한 원리는 고백에 맞는 사랑을 보여주는 것이다. 나 역시 수많은 사람을 만난다. 그들은 한결같이 내게 탁월한 고백을 한다. 엄청난 수준의 축복도 부어준다. 그러나 나는 그들의 고백을 듣고 눈물을 흘리거나 다음 액션을 거의 취한 적이 없다. 말뿐이기 때문이다. 그래서 깊은 사랑을 위해 우리에게 필요한 것이 진정성 있는 태도이고 헌신이다. 솔로몬의 사랑 고백은 말로만 그치지 않았다. 금 사슬에 은을 박은 목걸이를 만들어 건넸다.

"우리가 너를 위하여 금 사슬에 은을 박아 만들리라."(아 1:11)

하나님은 죄인 된 우리에게 십자가의 사랑을 보여주셨다.

"9 하나님의 사랑이 우리에게 이렇게 나타난 바 되었으니 하나님이 자기의 독생자를 세상에 보내심은 그로 말미암아 우리를 살리려 하심이라..10 사랑은 여기 있으니 우리가 하나님을 사랑한 것이 아니요 하나님이 우리를 사랑하사 우리 죄를 속하기 위하여 화목 제물로 그 아들을 보내셨음이라."(요일 4:9-10)

그래서 사도 요한은 '말과 혀로만 사랑하지 말라.'고 권면한다.

"자녀들아 우리가 말과 혀로만 사랑하지 말고 행함과 진실함으로 하자."(요일 3:18)

그런 의미에서 잠언 기자의 고백처럼 선물을 통한 사랑의 고백이 중요한 것 같다. 프러포즈의 완성은 선물이다. 사람의 마음을 사로잡는 것도 결국 선물이다.

> "너그러운 사람에게는 은혜를 구하는 자가 많고 선물 주기를 좋아하는 자에게는 사람마다 친구가 되느니라."(잠 19:6)

> "사람의 선물은 그의 길을 넓게 하며 또 존귀한 자 앞으로 그를 인도하느니라."(잠 18:16)

관계를 잘 못하는 사람은 결국 사랑을 못하는 사람인데 그 사람들의 공통점은 선물을 잘 베풀지 않는다. 그냥 말뿐이다. 또한 선물에 진정성이 담기지 않으면 그 사랑은 깊어지지 않는다. 흔히 주고 욕먹는다는 말이 있지 않는가? 설득의 심리학에서 강조하는 것도 빚진 자의 마음이다. 나 역시 빚진 마음을 가진 교인은 반드시 어떻게든 도와주려고 한다. 그 사람의 부탁은 거절하기가 어렵다. 그러니까 정말 지혜로운 사람은 기도하는 사람들에게 빚진 자의 마음을 가지게 하는 것이다. 잘 주는 사람 곁에 사람이 모인다. 조금 아픈 이야기를 해도 말이 잘 먹히는 사람은 '잘 쏘는 사람'이다. 그런데 아무리 좋은 이야기를 해도 별로 영향력을 발휘하지 못하는 사람은 베풀지 않는 사람이다. 계산적으로는 주는 자가 망해야 하고 무너져야 하지만 결국 주는 자가 이긴다.

> "25 내가 어려서부터 늙기까지 의인이 버림을 당하거나 그의 자손이 걸식함을 보지 못하였도다. 26 그는 종일토록 은혜를 베풀고 꾸

어 주니 그의 자손이 복을 받는도다."(시 37:25-26)

"어떤 자는 종일토록 탐하기만 하나 의인은 아끼지 아니하고 베푸느니라."(잠 21:26)

말이 아니라 행함과 진실함으로

바울도 에베소 교회를 떠나면서 당부한다.

"범사에 여러분에게 모본을 보여준 바와 같이 수고하여 약한 사람들을 돕고 또 주 예수께서 친히 말씀하신 바 주는 것이 받는 것보다 복이 있다 하심을 기억하여야 할지니라."(행 20:35)

잘되는 교회, 승리하는 교회의 특징은 이 말씀 그대로다.

장모이신 김경숙 전도사의 섬김에 감동을 받을 때가 많다. 누구든지 그를 만나면 변화가 되고, 어느 새 그의 제자임을 자처한다. 그 비법이 무엇인가? 말과 혀로만 사랑하지 않는다. 정말 행함과 진실함으로 섬긴다. 누군가 병원에 입원했을 때에도 위로금으로만 끝내지 않는다. 반드시 정성을 다해 죽을 만들어 가고 반찬도 챙겨 간다. 자신의 몸이 아플 만큼 사랑을 베풀어 버린다. 선물을 사도 최상의 것을 고른다. 그래서 장모 곁에는 차원이 다른 사랑을 나눈 믿음의 형제들이 많다.

내 친구 중 최종운 목사가 있다. 그 역시 가는 곳마다 사랑을 받고, 탁월한 관계를 열어가는 장본인이다. 부러울 정도로 인맥이 두텁다. 어떻게 그 깊은 관계를 만들어 가는가 보았더니 역시 진정성 있게 사랑을 표현하며 살고 있었다. 이를테면 시골에서 나오는 신선한 야채나 맛있는 과일들을 최상품으로 구입해서 생각날 때 보내주는 것이다. 받아 보면 그냥 지나가다 주는 선물이 아님을 알 수 있다. 가격으로 치면 작은 것일 수 있지만 그 정성과 마음에 감동을 받게 된다. 정말 지혜로운 친구다.

결국 하나님 나라 건설이 사람과의 관계를 통해서 이루어지는 일이 아닌가? 그런데 갈수록 사랑 자폐증 환자들이 많아지고 있다. 실력도 있고, 인물도 좋은데 관계를 잘 열지 못해서 확장을 이루지 못하는 것이다. 모든 일에 제한적일 수밖에 없다. 목회는 더욱 그렇다. 설교와 기도 외에 떡을 떼고 음식을 나누는 교제가 함께 가야 승리할 수 있다. 그래서 어렸을 때부터 이런 부분을 훈련하고 가르치는 것이 중요한 것 같다. 그래야 사랑할 수 있고 사랑 받을 수 있다.

< 원리 3 > 끝까지 믿고 신뢰해야 한다.

위대한 사랑을 지속하는 마지막 단계는 끝까지 믿고, 신뢰하는 것이다. 솔로몬의 고백에 의하면 겨울도 지나고, 비도 그치고, 꽃이 만발하여 열매가 무르익을 때 작은 여우가 찾아온다고 했다. 그 때 의심의 여우, 이간질의 여우에게 틈을 주면 안 된다.

"우리를 위하여 여우 곧 포도원을 허는 작은 여우를 잡으라 우리의 포도원에 꽃이 피었음이라."(아 2:15)

다 경험한 바이지만 사람 관계에도 반드시 춘하추동이 있다. 어느 순간이 지나면 싫증이 나고, 미움의 마음이 들기도 한다. 그때 필요한 자세가 절대 신뢰이다. 누가 무슨 말을 해도 처음 그 마음으로 그 사람을 믿어버리는 것이다. 가정교회를 잘 이끄는 양육사를 보면 끝까지 가정교회 식구를 믿어준다. 무슨 말을 들어도 창조적 정의를 내리며 포기하지 않는다. 과원지기의 고백을 지속한다. 즉, '한 해 더 파고 거름을 주겠습니다.' 고 한다. 결국 이긴다. 위대한 사랑의 주인공들은 결코 여우에 의해서 평가를 달리하지 않는다. 혹 실수했을지라도 다시 기회를 주고 기다린다. 이 부분을 바울이 잘 정리해 주었다.

"모든 것을 참으며 모든 것을 믿으며 모든 것을 바라며 모든 것을 견디느니라."(고전13:7)

사랑이 없으면 내가 아무것도 아니요

사랑의 사도 요한도 하나님의 사랑은 우리 죄를 속한 사랑이라고 했다.

"… 하나님이 우리를 사랑하사 우리 죄를 속하기 위하여 화목 제물로 그 아들을 보내셨음이라."(요일 4:10)

심판과 정죄는 하나님께 맡겨야 한다. 우리의 사명은 믿고 용서하는 것이다. 나는 바울의 고백이 갈수록 가슴에 사무친다.

> "1 내가 사람의 방언과 천사의 말을 할지라도 사랑이 없으면 소리 나는 구리와 울리는 꽹과리가 되고 2 내가 예언하는 능력이 있어 모든 비밀과 모든 지식을 알고 또 산을 옮길 만한 모든 믿음이 있을지라도 사랑이 없으면 내가 아무것도 아니요"(고전 13:1-2)

사랑할 때 성령 충만케 된다. 사랑하면 기쁨 충만케 된다. 미워한다고 상대방이 쓰러지지 않는다. 미워하는 나만 병들고 죽어갈 뿐이다. 요셉의 멘탈을 본받아야 한다. 요셉은 형들을 미워하지 않았다. '하나님이 하신 일'이라고 해석했다. 교회 안에서 미워하는 일이 없어야 한다. 또한 말쟁이들의 말을 별식으로 삼으면 안 된다. 모든 것을 믿어야 한다. 끝까지 믿어야 한다. 우리가 미워하고 분열하는 순간, 교회는 공중 분해되어 버린다. 교회 싸움에는 누구도 승자가 될 수 없다. 모두 다 패자이다. 우리 모두 '교회는 사랑이다'의 증언자들이 되자.

07

교회는 마구간이다

> "6 거기 있을 그 때에 해산할 날이 차서 7 첫아들을 낳아 강보로 싸서 구유에 뉘었으니 이는 여관에 있을 곳이 없음이러라."(눅 2:6-7)

만왕의 왕이신 예수님이 말구유에서 태어나셨다. 예수님은 이 세상 가장 낮은 곳으로 오셨다. 왜 우리 예수님은 호텔에 오시지 않았을까? 왜 예수님은 왕궁이나 청와대에 오시지 않았을까? 정치인들이 기자 회견 하나 하려고 해도 장소를 따진다. 무언의 메시지를 들려주는 것이다. 예수님이 왕궁에 왔더라면 좋지 않았을까? 그런데 왜 하늘 영광 버리시고 낮고 낮은 마구간에 오셨는가?

마구간 정신을 회복하자

그 이유는 찬송가 304장의 내용 그대로다.

"그 크신 하나님의 사랑 말로다 형용 못하네. 저 높고 높은 별을 넘어 이 낮고 낮은 땅 위에 죄 범한 영혼 구하려 그 아들 보내사 화목 제물 삼으시고 죄 용서 하셨네."

마구간이라고 하니까 우리나라 소 축사 정도로 생각하기 쉬운데 그게 아니다. 그냥 천막 하나 쳐 놓은 수준의 장소다. 거의 노숙에 가깝다. 왜 그런 곳에 오셨는가? 폼 안 나도 너무 안 난다. 내가 한때 목사 대신 국회 의원의 뜻을 품은 이유도 국회 의원이 더 폼 나 보였기 때문이다. 예수님이 마구간에 오신 이유는 하나다. 우리를 구원하시기 위함이다.

마구간은 죄인 된 인간의 자리다. 냄새나는 자리, 천막 같은 자리, 우리 모두의 자리다. 축산업자가 전염병으로 가축이 죽었다고 자신을 대신 죽여 달라고 하지 않는다. 마음 아파하기는 하지만 그렇다고 그것들을 위해 아들을 내어주고 자신의 생명을 내어주지 않는다. 그런데 우리 하나님은 그 일을 행하셨다.

문제는 교회가 언제부턴가 마구간 정신을 잃어버렸다는 것이다. 어느 순간 교회가 카페가 되고 호텔이 되고 청와대, 백악관이 되었다. 그래서 경호원을 통과하듯 해야 하고 누구에게나 친절하지 않다. 예수님 당시 제자들은 신경이 날카로웠다. 군중, 무리들이 자신들 곁에 머무는 것을 별로 좋아하지 않았다. 경쟁 상대로 여겼기 때문이다. 숫자가 적어야, 자신들만 머물러야 모든 영광을 차지한다 생각했던 것 같다. 어린이를 막아서고, 인생의 문제를 가지고 부르짖는 자들을 책망한 것도 다 이와 같은 이유에서다.

오늘날 목사의 설교도 신학적 지식이 없으면 감히 이해할 수 없는 수준의 이야기다. 찬양대의 찬양도 음악적으로 흘러가 버렸다. 목동들의 노래가 아니다. 어린이들이 외쳤던 호산나가 아니다. 장로님들의 기도 태도와 교회 직분자들의 표정도 다르다. 소수의 부정적인 면을 이야기하는 것이다. 세상 사람들이 낮은 사람 이야기할 때 부처의 자비 정신을 이야기하지 더 이상 교회를 말하지 않는다. 교회는 대접받는 곳이 아니다. 교회는 특정인이 주도하는 단체가 아니다. 순위를 매겨 자리를 정하는 곳도 아니다. 교회는 어린이가 주인공이다. 교회는 가난한 자도 주인공이다. 삭개오도 오는 곳이고, 강도도 오는 곳이다.

섬김의 자리에서 생명의 역사가 일어난다

예수님이 분명히 말씀하셨다.

> "앉아서 먹는 자가 크냐 섬기는 자가 크냐 앉아서 먹는 자가 아니냐 그러나 나는 섬기는 자로 너희 중에 있노라."(눅 22:27)

> "너희 중에 큰 자는 너희를 섬기는 자가 되어야 하리라."(마 23:11)

> "남에게 대접을 받고자 하는 대로 너희도 남을 대접하라."(눅 6:31)

나는 이 시대 그리스도인들의 신앙 형태가 마구간이길 원한다. 그래서 나는 '마룻바닥'을 좋아한다. 우리 자리가 그 자리다. 더우면 더운 대로 불편하면 불편한 대로 은혜받겠다는 정신이 필요하다. 사람을 대하는 태도도 마구간이길 원한다.

바울은 분명히 가르쳤다.

"2 마음을 같이하여 같은 사랑을 가지고 뜻을 합하며 한마음을 품어 3 아무 일에든지 다툼이나 허영으로 하지 말고 오직 겸손한 마음으로 각각 자기보다 남을 낫게 여기고 4 각각 자기 일을 돌볼 뿐더러 또한 각각 다른 사람들의 일을 돌보아 나의 기쁨을 충만하게 하라. 5 너희 안에 이 마음을 품으라 곧 그리스도 예수의 마음이니"(빌 2:2-5)

'스카이캐슬' 드라마를 보았는가? 서로를 인정하지 않는다. 그 건물 밖의 사람들을 모두 짐승 취급한다. 결국 자신들이 미치광이가 되어 버렸다. 그런데 천국은 다르다. 교회도 달라야 한다. 나보다 남을 낫게 여긴다. 누구를 대하든지 허영으로 하지 않는다. 다툼 아닌 진심으로 대한다. 내가 장로님들을 만날 때마다 하는 소리는 '꾼이 되지 말라.'는 것이다.

나는 성경에서 놀라운 사실을 발견했다. 환대 즉, 마구간 정신으로 극진히 섬기고 대접하는 곳에서 항상 생명의 역사가 일어났다는 사실이다. 구체적인 실례를 살펴보면 다음과 같다.

<실례 1> 아브람의 환대

아브라함은 지나가는 천사를 극진히 섬겼다. 그 섬김의 수준이 '과하다' 싶을 정도다.

"1 여호와께서 마므레의 상수리나무들이 있는 곳에서 아브라함에게 나타나시니라. 날이 뜨거울 때에 그가 장막 문에 앉아 있다가 2 눈을 들어 본즉 사람 셋이 맞은편에 서 있는지라. 그가 그들을 보자 곧 장막 문에서 달려나가 영접하며 몸을 땅에 굽혀 3 이르되 내 주여 내가 주께 은혜를 입었사오면 원하건대 종을 떠나 지나가지 마시옵고 4 물을 조금 가져오게 하사 당신들의 발을 씻으시고 나무 아래에서 쉬소서. 5 내가 떡을 조금 가져오리니 당신들의 마음을 상쾌하게 하신 후에 지나가소서. 당신들이 종에게 오셨음이니이다. 그들이 이르되 네 말대로 그리하라. 6 아브라함이 급히 장막으로 가서 사라에게 이르되 속히 고운 가루 세 스아를 가져다가 반죽하여 떡을 만들라 하고 7 아브라함이 또 가축 떼 있는 곳으로 달려가서 기름지고 좋은 송아지를 잡아 하인에게 주니 그가 급히 요리한지라. 8 아브라함이 엉긴 젖과 우유와 하인이 요리한 송아지를 가져다가 그들 앞에 차려 놓고 나무 아래에 모셔 서매 그들이 먹으니라." (창 18:1-8).

그 자리에서 아들 잉태의 역사가 선포된다.

"그가 이르시되 내년 이맘때 내가 반드시 네게로 돌아오리니 네 아

> 내 사라에게 아들이 있으리라 하시니 사라가 그 뒤 장막 문에서 들었더라."(창 18:10)

성경에 등장하는 섬김과 환대

<실례 2> 롯의 환대

롯 역시 지나가는 천사를 만난 후 간청하며 섬겼다. 그 결과 생명을 보호 받는다.

> "롯이 간청하매 그제서야 돌이켜 그 집으로 들어오는지라. 롯이 그들을 위하여 식탁을 베풀고 무교병을 구우니 그들이 먹으니라."(창 19:3)

> "12 그 사람들이 롯에게 이르되 이 외에 네게 속한 자가 또 있느냐 네 사위나 자녀나 성 중에 네게 속한 자들을 다 성 밖으로 이끌어 내라. 13 그들에 대한 부르짖음이 여호와 앞에 크므로 여호와께서 이 곳을 멸하시려고 우리를 보내셨나니 우리가 멸하리라."(창 19:12-13)

<실례 3> 기생 라합의 환대

기생 라합은 여호수아의 정탐꾼을 환대하며 숨겨주었다.

"그가 이미 그들을 이끌고 지붕에 올라가서 그 지붕에 벌여 놓은 삼대에 숨겼더라."(수 2:6)

그 일로 인해서 라합의 온 가족이 구원을 받는다.

"여호수아가 기생 라합과 그의 아버지의 가족과 그에게 속한 모든 것을 살렸으므로 그가 오늘까지 이스라엘 중에 거주하였으니 이는 여호수아가 여리고를 정탐하려고 보낸 사자들을 숨겼음이었더라."(수 6:25)

<실례 4> 수넴 여인의 환대

수넴 여인은 엘리사를 감동적으로 섬겼다. 그를 '하나님의 거룩한 사람'이라며 높여주기까지 했다.

"8 하루는 엘리사가 수넴에 이르렀더니 거기에 한 귀한 여인이 그를 간권하여 음식을 먹게 하였으므로 엘리사가 그 곳을 지날 때마다 음식을 먹으러 그리로 들어갔더라. 9 여인이 그의 남편에게 이르되 항상 우리를 지나가는 이 사람은 하나님의 거룩한 사람인 줄을 내가 아노니 10 청하건대 우리가 그를 위하여 작은 방을 담 위에 만들고 침상과 책상과 의자와 촛대를 두사이다. 그가 우리에게 이르면 거기에 머물리이다 하였더라."(왕하 4:8-10)

역시 그 집에 아들을 주신다.

"16 엘리사가 이르되 한 해가 지나 이 때쯤에 네가 아들을 안으리라 하니 여인이 이르되 아니로소이다 내 주 하나님의 사람이여 당신의 계집종을 속이지 마옵소서 하니라. 17 여인이 과연 잉태하여 한 해가 지나 이 때쯤에 엘리사가 여인에게 말한 대로 아들을 낳았더라."(왕하 4:16-17)

영혼 구원은 마구간 정신이다

< 실례 5 > 마리아와 마르다의 환대

마리아와 마르다는 예수님을 자신의 집으로 초대하여 섬겼다.

"38 그들이 길 갈 때에 예수께서 한 마을에 들어가시매 마르다라 이름하는 한 여자가 자기 집으로 영접하더라. 39 그에게 마리아라 하는 동생이 있어 주의 발치에 앉아 그의 말씀을 듣더니."(눅 10:38-39)

훗날 예수님이 죽은 오빠 나사로를 살려 주신다.

"23 예수께서 이르시되 네 오라비가 다시 살아나리라. 24 마르다가 이르되 마지막 날 부활 때에는 다시 살아날 줄 내가 아나이다. 25 예수께서 이르시되 나는 부활이요 생명이니 나를 믿는 자는 죽어도 살겠고 26 무릇 살아서 나를 믿는 자는 영원히 죽지 아니하리니 이것을 네가 믿느냐."(요 11:23-26)

정리하면 마구간 정신과 생명의 역사는 항상 함께 간다. 그래서 예수님은 누구든지 함께 깊은 교제를 나누셨다.

> "예수께서 마태의 집에서 앉아 음식을 잡수실 때에 많은 세리와 죄인들이 와서 예수와 그의 제자들과 함께 앉았더니 바리새인들이 보고 그의 제자들에게 이르되 어찌하여 너희 선생은 세리와 죄인들과 함께 잡수시느냐."(마 9:10-11)

삭개오의 집에 가신 것도, 그의 이름을 부르신 것도 예수님이 베푸신 최고의 환대였다. 결국 삭개오의 영혼을 구원하신다. 그러고 보니 탕자의 아버지도 그 아들을 위해 잔치를 베풀었다. 잃어버린 양을 찾고 드라크마를 찾은 주인도 마찬가지였다. 다시 이야기하지만 영혼 구원의 기본, 핵심, 출발은 마구간 정신이다.

누가복음 10장의 선한 사마리아인 비유에서도 이 원리를 확인할 수 있다. 이 비유의 핵심 주제는 단순히 '구제하라'가 아니다. 확대된 이웃 관계이다.

> "그 사람이 자기를 옳게 보이려고 예수께 여짜오되 그러면 내 이웃이 누구이니이까"(눅 10:29)

> "네 생각에는 이 세 사람 중에 누가 강도 만난 자의 이웃이 되겠느냐"(눅 10:36)

함께 떡을 떼고 애찬을 나누는 교회

이런 맥락에서 사도행전의 초대 교회를 보면 부흥의 이유가 분명하다. 물론 겉으로 보면 강력한 성령의 역사가 부흥의 이유일 것이다. 그러나 우리가 주목할 부분은 성령의 역사가 강력할 때와 그렇지 않을 때의 차이다. 어떤 사람은 방언만 강조하는 사람이 있는데 그렇지 않다. 오히려 왜 성령께서 방언으로 역사했는가가 중요하다. 초대 교회의 방언은 언어 방언이다. 다시 말해 나누어진 언어의 통합이었다.

정리하면 오순절의 역사적 의의는 막힌 담이 성령을 통해 허물어졌다는 데 있다. 오순절 역사를 계기로 헬라파와 히브리파, 유대인과 이방인, 주인과 종이 하나가 되었다. 심지어 사도들과 고넬료, 에디오피아 내시, 로마 백부장, 루디아 등과 연합하여 하나님 나라가 확장되는 수준에 이르렀다. 그러니까 초대 교회 당시 '함께 떡을 떼고 애찬을 나누었다.'는 기록은 엄청난 환대의 증표인 것이다. 더 많은 영혼 구원을 위해 우리가 반드시 회복해야 할 모습이다.

나는 최근 차를 마시기 시작했다. 그래서 손님이 오면 교회 이디야 카페에서 만나지 않고 내 방으로 인도하여 함께 차를 마시는 경우가 종종 생겼다. 그런데 내가 직접 차를 끓여 잔을 채우는 모습에 많은 분들이 감동을 받는다. 실제로 공개적인 자리에서 차를 마실 때보다 훨씬 더 깊은 대화를 나누게 된다. 환대 수준의 차이일 것이다.

성경에서 예수님이 세리들, 창녀들과 함께 잡수신 것 또한 제자들의 발을 닦아 주신 것들을 우리는 그냥 지나치면 안 된다. '왜 그렇게 하셨을까?' 좀 더 깊이 있게 고민할 필요가 있다. 언제부터인가 한국 교회가 유유상종, 동종교배 수준의 공동체로 흘러가는 것 같아 아쉽다. 그래서 교수는 교수가 많은 교회에 가고 싶어 하고, 부자는 부자 교회에만 가고 싶어 한다. 굳이 이것을 '나쁘다', '틀렸다' 말하고 싶지는 않지만 영혼 구원을 포기하는 길인 것만은 확실하다.

만약 보통 사람의 상식을 깨고 어떤 유명한 교수가 우산동의 작은 교회를 섬긴다면 어떤 일이 벌어질까? 일단 주변의 많은 사람들이 그 교회와 목사를 신뢰할 것이다. 심지어 그와의 교제를 위해 많은 사람들이 교회를 찾을지도 모르는 상황이다. 그가 유명한 연예인이라면 그 파급 효과는 더할 것이다. 실제로 교회에 예쁜 누나가 있으면 남학생들이 더 모이는 경향이 있다. 그러니까 섬길 수 있는 위치에 선 사람, 큰 영향력을 가진 사람이 환대의 정신, 마구간의 영성을 가지고 교회를 섬기고, 사람들을 대한다면 더 많은 생명을 구원할 수 있다.

그리스도인의 사랑 영성

한국 교회는 시급하게 마구간의 영성을 배워야 한다. 돌아보면 하나님이 죄인 된 우리를 마구간에서 환대하셨다. 이제 우리가 그 사랑을 베풀어야 한다. 감히 이웃이라 할 수 없는 자들을 품어야 한다. 이미 앞부분에서 환대의 고수들을 통해 배운 중요한 원리 몇 가지만이라도 실천하자.

<원리 1> 인사를 잘하자.

달려가서 엎드려 절하듯 해야 한다. 우리 교회 김국정 안수 집사가 있다. 60을 훌쩍 넘긴 분이신데 월요일에 출근을 하거나 휴일을 지나 다시 만나게 될 경우 꼭 목사 방에 들른다. 그리고 일명 폴더 인사를 한다. "목사님 평안히 지내셨습니까?", "잘 다녀왔습니다.", "감사합니다." 등. 그때마다 정말 가슴이 뭉클하다. 그리고 그의 인격 앞에서 부족한 내 자신을 돌아볼 때가 많다.

단언컨대 인사만 잘해도 하나님 나라가 확장되고, 형통의 주인공이 될 수 있다. 샬롬스쿨에서 학생들의 인사를 강조하는 이유이기도 하다. 우리 교회 인사는 '안녕하세요'가 아니다. 깨달아진 바가 있어서 '사랑합니다. 멋지십니다', '사랑합니다. 예쁘십니다.'로 바꾸었다. 이런 인사 하나 때문에 정말 교회가 달라지는 경험을 했다. 또한 외부 강사나 손님이 주차장에 도착한 순간부터 웃음꽃이 피어난다. 우리 교회에서 최고 거구인 김경주 집사가 주차 관리 책임자인데 차 문을 열어주면서 "사랑합니다. 멋지십니다" 하니 함박웃음이 피어날 수밖에 없다.

<원리 2> 필요한 것을 신속하게 최상의 것으로 제공하자.

바울은 그리스도인의 사랑 영성을 가르치면서 '사랑은 자기의 유익을 구하지 않는다.'(고전 13:5)고 했다. 나는 이 부분을 '아낌없이, 조건 없이 주는 것'이라고 해석하고, 실천한다. 성경이 말하는 사랑은 결코 '말과 혀의 사랑'이 아니다. '행함과 진실함'의 사랑이다. 심지어 사도 요한은 '형제를 사랑하지 아니한 자는 사망에 머물러 있다.'고 했다.

> "우리는 형제를 사랑함으로 사망에서 옮겨 생명으로 들어간 줄을 알거니와 사랑하지 아니하는 자는 사망에 머물러 있느니라."(요일 3:14)

부디 사랑한다면, 사랑하고 싶다면 아낌없이 베풀자. 계산 없이 주어야 한다. 하나님은 우리에게 독생자를 주셨다. 종종 아내가 부교역자들이나 다른 사람에게 "혹시 뭐 좀 드릴까요?"라고 물으면 화를 낸다. 주고 싶은 마음이 있으면 "그냥 묻지 말고 싸서 주라."고 한다. 식사를 대접할 때에도 "더 드릴까요?" 묻지 말고 그냥 조용히 한 그릇을 옆에 두라고 부탁한다. 부교역자 시절 주말에 밥을 조금 먹어 본 적이 있는데 정말 죄인 아닌 죄인 같았다. 빨리 먹고 일어나야 "그래도 사람이다."는 마음뿐이었다. 혹시나 "더 드실래요?" 물으면 "아닙니다." 하면서 도망치듯 그 집을 나온 적이 많다. 종종 "이것 좀 싸드릴까요?" 할 때도 미안해서 "싸주십시오."라는 말을 못했다. 그런데 그 집을 나올 때 싸서 손에 쥐어 주면 못 이긴 척 가져올 수 있었다. 감사하게 우리 교회 권사들 특히 권사회 사역장 오효덕, 진선미, 한미숙이 정말 이 일을 잘한다. 이들과 동행할 때 정말 행복하다.

예수님을 자주 집으로 모시고 간 마리아와 마르다, 엘리사를 지극 정성으로 섬겼던 수넴 여인에게도 이런 자세가 분명히 있었을 것이다. 그러니까 주는 사람이 훨씬 더 긴장해야 하고 기도를 많이 해야 한다. 그러면 정말 하나님 나라가 확장된다.

사람은 존중 받을 때 감동한다

< 원리 3 > 진심으로 존중하자.

사람은 누구나 존중 받을 때 감동한다. 목사의 경우 존중하는 집에 가면 영력이 배가가 된다. 하지만 눌리는 집에 가면 준비해 간 말씀도 기억이 잘 안 날 때가 있다. 수넴 여인에게 생명의 역사가 일어난 것도 엘리사의 감동으로 시작된다. 한나의 집에 사무엘이 잉태된 것도 결국 엘리를 향한 한나의 존중과 연결되어 있다.

예수님은 결코 사람을 껍데기로 대하신 적이 없다. 항상 인격적으로 대했다. 삭개오를 구원하실 때도 '삭개오야' 이름을 불렀고, 그 집에 '유한다'고 하셨다. 만날 때마다 명함을 주는 정치꾼 목사, 장로는 분명히 다른 모습이다. 부디 사람을 껍데기로, 정치적으로 대하지 말자. 진심으로 존중하자.

여하튼 신비한 연합의 기초는 마구간 정신이다. 자존심이 상하고 화가 날 때 예수님을 기억하면 된다. 부디 텔레비전에서나 만나는 스타 정치인처럼 살지 말자. 지금껏 내가 만난 정치인들은 대단한 말쟁이들이다. 교회 행사에 방문하여 축사한 것을 보면 영원한 친구인 것 같다. 그러나 결정적인 순간에 아무런 도움이 되지 못한다. 참 놀랍게 지금껏 우리 교회는 국회 의원의 도움으로 문제를 해결한 적이 없다. 말뿐이고 체면치레로 사람을 대하는 것이다. 없으면 내 돈이라도 주겠다는 정신이 그들에게는 없었다.

예수님은 분명히 말씀했다. 정말 부담이 되는 말씀이다. 그런데 이 정신으로 사는 교회는 하나님이 넘치는 복을 주신다. 계속 흘러넘치게 하신다.

"39 나는 너희에게 이르노니 악한 자를 대적하지 말라. 누구든지 네 오른편 뺨을 치거든 왼편도 돌려 대며 40 또 너를 고발하여 속옷을 가지고자 하는 자에게 겉옷까지도 가지게 하며 41 또 누구든지 너로 억지로 오 리를 가게 하거든 그 사람과 십 리를 동행하고 42 네게 구하는 자에게 주며 네게 꾸고자 하는 자에게 거절하지 말라. 43 또 네 이웃을 사랑하고 네 원수를 미워하라 하였다는 것을 너희가 들었으나 44 나는 너희에게 이르노니 너희 원수를 사랑하며 너희를 박해하는 자를 위하여 기도하라 45 이같이 한즉 하늘에 계신 너희 아버지의 아들이 되리니 이는 하나님이 그 해를 악인과 선인에게 비추시며 비를 의로운 자와 불의한 자에게 내려주심이라. 46 너희가 너희를 사랑하는 자를 사랑하면 무슨 상이 있으리요 세리도 이같이 아니하느냐 47 또 너희가 너희 형제에게만 문안하면 남보다 더하는 것이 무엇이냐 이방인들도 이같이 아니하느냐 48 그러므로 하늘에 계신 너희 아버지의 온전하심과 같이 너희도 온전하라."(마 5:39-48)

서기관과 바리새인들은 높은 자리에 있기를 원했다. 예수님은 그들의 교만과 위선을 혹독하게 책망하셨다. 그러나 심령이 가난한 자들은 예수님께 나아와 하늘의 복을 받았다. 낮은 자리, 섬김의 자리가 곧 생명의 자리다. 바로 그 자리에서만 내가 살아나고 남을 살려내는 기적이 시작된다. 한국 교회여, 마구간의 영성을 회복하자. 인류를 품고 섬기는 자리로 나아가자. 끝까지 낮은 자리에서 서로를 빛나게 해 주는 교회가 되자. 교회는 사랑의 기적을 만들어내는 '마구간'이다.

08

교회는 응원단이다

"24 서로 돌아보아 사랑과 선행을 격려하며 25 모이기를 폐하는 어떤 사람들의 습관과 같이 하지 말고 오직 권하여 그 날이 가까움을 볼수록 더욱 그리하자."(히 10:24-25)

요즘 혼자 밥 먹는 '혼밥', 혼자 술 마시는 '혼술', 혼자 여행하는 '혼행' 등 1인 문화가 대세다. 그러나 기독교는 '혼자'가 아니라 '함께'를 강조한다. 성경은 그 날이 가까움을 볼수록 성도들이 더욱 힘써 모일 것을 강조한다. 함께 모이면 역사가 일어난다. 함께 모이면 생명이 살아나고 희망이 피어난다. 교회는 세상을 향하여 생명과 희망을 주어야 한다. 힘 잃고 낙망에 빠진 세상을 향해 "힘내라, 힘!" 외치며 그들을 일으켜 주고 세워 주어야 한다.

왜 우울증에 걸리는가?

요즘 우울증 환자가 급증하고 있다. 코로나 위기로 인해 그 속도는 더욱 빨라졌다. 문제는 교회 안에서도 심지어 사역자들에게도 우울 증세가 나타나고 있다는 것이다. 우울증은 한마디로 마음이 아픈 병이다. 사실 눈에 보이는 곳이 아프면 치료가 쉽다. 꿰매고, 약을 바르고 기다리면 된다. 하지만 우울한 병은 다르다. 그럼에도 여전히 사람들은 이 병을 쉽게 생각한다.

만약 어떤 사람이 교통사고를 당했다면 후유증까지 염려하며 치료를 받을 것이지만 마음의 치료는 그렇게 하지 않는다. 권하는 사람도 없고 스스로 불필요하다 생각하는 경우가 많다. 마음은 피를 철철 흘리고 있는데 방치하기 일쑤다. 결국 이상한 사람이 되어 버린다. 우울증의 마지막 단계는 자살이다. 교회가 이 부분에 관심을 갖고, 회복을 도와야 하는 중요한 이유다.

그렇다면 왜 이 시대 많은 사람들이 우울증에 걸리는가? 여러 가지로 설명할 수 있겠지만 영혼의 탈진 때문이다. 지쳤는데 회복의 방법을 모른다. 최선을 다했는데 결과가 좋지 않을 때 마음이 무너진다. 열심을 내어 달렸는데 오히려 책망을 받고 비난을 들을 때 견디기 어렵다. 또한 자신의 힘으로 해결할 수 없는 큰 문제에 봉착했을 때 지쳐 버린다. 엘리야가 아합과 이세벨의 공개 협박에 두려워 떨어버린 것과 같은 상황이다. 그래서 하나님은 끊임없이 "마음을 강하게 하고 담대히 하라."고 말씀하신다. 잠언 기자는 "마음에서 생명의 근원이 나온다."고 했다.

"여호와를 바라는 너희들아 강하고 담대하라."(시 31:24)

"모든 지킬 만한 것 중에 더욱 네 마음을 지키라. 생명의 근원이 이에서 남이니라."(잠 4:23)

그렇다면 어떻게 마음을 지키는가? 어떻게 마음을 강하게 하는가? 아니 그 이전에 어떻게 상한 마음을 치유 받는가? 당연히 은혜를 경험하는 것이 우선이다. 그런데 마음이 무너지고 마음이 상하면 은혜 받는 자리에 나아갈 수가 없다. 따라서 무너진 마음을 세우기 위해 가장 우선적으로 할 일은 하나님이 보낸 천사를 만나는 것이다. 지친 엘리야에게 하나님은 기도하라 하지 않으시고 천사를 보내어 먹을 것과 마실 것을 공급했다.

"5 로뎀 나무 아래에 누워 자더니 천사가 그를 어루만지며 그에게 이르되 일어나서 먹으라 하는지라. 6 본즉 머리맡에 숯불에 구운 떡과 한 병 물이 있더라. 이에 먹고 마시고 다시 누웠더니 7 여호와의 천사가 또 다시 와서 어루만지며 이르되 일어나 먹으라. 네가 갈 길을 다 가지 못할까 하노라 하는지라."(왕상 19:5-7)

우울증 치료가 어려운 것은 스스로 '우울증'이라는 말을 못하기 때문이다. 누군가 '우울증 치료를 받는다.' 하는 순간 사람들은 수군대기 시작할 것이다. 다른 사람은 그냥 두고 담임 목사가 우울증 치료를 받는다 할 때 그 교회 교인들의 반응이 어떻겠는가? 사회 저명인사나 대형 교회 목사의 경우 그 파장은 더욱 클 것이다. 그래서 숨어 버리는데, 그렇게 하면 안 된다. 천사를 찾아야 한다. 우울증은 천사를 만나면 바로 고칠 수 있다.

응원이 뜨거우면 선수들이 살아난다

나는 문득 2002년 월드컵 때의 우리나라가 그립다. 대단한 축제의 장이었다. 그냥 기쁜 날이었던 것 같다. 거리마다 춤을 추고 밤이 되면 삼삼오오 모여서 응원을 했다. 그때 대표 선수들을 잊을 수 없다. 당시 대표 선수 23인의 명단을 소개하면 다음과 같다. 1번 이운재, 2번 현영민, 3번 최성용, 4번 최진철, 5번 김남일, 6번 유상철, 7번 김태영, 8번 최태욱, 9번 설기현, 10번 이영표, 11번 최용수, 12번 김병지, 13번 이을용, 14번 이천수, 15번 이민성, 16번 차두리, 17번 윤정환, 18번 황선홍, 19번 안정환, 20번 홍명보, 21번 박지성, 22번 송종국, 23번 최은성이다. 실제 그라운드에 뛰는 사람은 11명인데 당시 그들은 세상을 들었다 놨다 했다.

바울은 신자를 '경기하는 자'라고 했다. 히브리서 기자도 '경주하는 자'라고 했다. 조금 무리한 적용인지 모르지만 교회는 하나님 나라의 대표 선수들의 모임이라 생각한다.

"경기하는 자가 법대로 경기하지 아니하면 승리자의 관을 얻지 못할 것이며"(딤후 2:5)

감독이 직접 선수를 선택하고 부르듯 우리도 그렇게 부르셨다. 그래서 우리의 만남이 특별하다. 국가 대표 선수들도 마찬가지다. 자신들이 그 자리에 있게 될 줄 꿈에도 몰랐을 것이다. 감독이 부르니 따라갔고, 부름 받은 후에는 국가 대표 안에 한 지체가 된 것이다. 감독이 한 사람 한 사람을 지명하여 부른 것은 법대로 경기하여 승리의 역사를 만들라는 것이다. 그래서 대표 선수는 혼자 싸우지 않는다. 온 국민이 함께 싸운다. 2002년 월드컵 당시 '붉은 악마' 응원단을 기억하는가? 경기하는 자들에게는 그들이 천사인 셈이다. 실제로 응원단이 함께 하는 경기에서 우수한 성적을 보인다. 때론 경기하는 자리에 대통령이 참여하기도 한다. 선수들에게 힘을 실어주기 위해서다.

이 시대 교회가 이 원리를 기억할 필요가 있다. 교회는 각 분야의 대표 선수들이 부름 받아 훈련받는 곳이다. 때가 되면 하나님은 그 한 사람 한 사람을 역사의 중심에 세우신다. 그때 필요한 것이 '붉은 악마' 응원단 수준의 함성이다. 응원이 파도를 칠수록 선수들은 살아난다. 하지만 오늘날 교회는 이런 분위기가 아니다. 신자가 우울증에 붙들린 것은 많은 경우 죄를 지어 그렇게 된 것이 아니다. 선한 싸움을 싸우다가 지친 것이다. 왜 지쳤을까? 혼자 싸웠기 때문이다. 담임 목사의 싸움이 곧 교인의 싸움이요, 교인의 싸움이 곧 담임 목사의 싸움인데 서로를 응원하지 않는다. 이 시대 많은 목사들이 지쳐 있다. 교인들 역시 마찬가지다. 안타깝다.

누군가 정치를 하겠다고 나서면 그는 우리의 대표이자 하나님 나라의 대표 선수다. 교회는 그의 응원단을 자처해야 한다. 전심으로 축복하고, 응원해야 한다. 누군가 사업을 시작해도 마찬가지다. 어떤 집 자녀가 유학길에 올랐다면 그도 역시 대표 선수다. 온 교인이 기도하며 응원해야 한다.

이 시대 교회가 불러야 할 노래

나는 이 시대 교회가 가슴으로 불러야 할 노래가 두 곡이 있다고 생각한다. 가요라서 조금 아쉽지만 그 가사만은 탁월함 그 자체다. 왜 교회 안에서 불러지는 노래에는 이런 수준의 가사가 없을까 아쉬울 뿐이다. 그 노래는 다름 아닌 '당신이 최고야'와 '여러분'이다. 먼저 '당신이 최고야' 가사를 소개하면 다음과 같다.

"당신이 최고야. 당신이 최고야. 나에겐 당신이 최고야. 당신을 처음 만난 그 순간 나는 나는 알았어. 당신이 내 반쪽이란 걸. 행복하게 행복하게 해줄 거야. 머리에서 발끝까지 세상에서 가장 멋있게 당신을 위해서라면 아낌없이 줄 거야. 내 모든 걸 다 줄 거야. 기대해도 좋아 믿어도 좋아. 변함없을 테니까. 당신이 최고 당신이 최고야."

만약 이 노래를 담임 목사 청빙하는 과정에서 장로님들과 교인들이 부임하는 목사를 향해 불러 준다면 어떻겠는가? 목사가 우울하겠는가? 대충 목회하겠는가? 또한 청빙 받은 담임 목사가 당회를 진행하면서 장로님들을 향해 부른다면 또 어떻겠는가? '장로님을 위해서라면 아낌없이 줄 거야. 내 모든 걸 다 줄 거야. 기대해도 좋다. 믿어도 좋아. 변함없을 테니까. 장로님 최고, 장로님 최고야.' 아마 눈물범벅이 될 것이다. 하지만 우리는 이런 축복, 응원에 익숙하지 않다.

'여러분'이라는 노래는 또 어떤가?

"네가 만약 괴로울 때면 내가 위로해줄게. 네가 만약 서러울 때면 내가 눈물이 되리. 어두운 밤 험한 길 걸을 때 내가 내가 내가 너의 등불이 되리. 허전하고 쓸쓸할 때 내가 너의 벗 되리라. 나는 너의 영원한 형제야. 나는 너의 친구야. 나는 너의 영원한 노래야. 나는 나는 나는 나는 너의 기쁨이야."

교회가 이 시대에 불러야 할 진정한 축복송이 아닌가? '우리 청년들이 험한 길을 걸을 때 교회가 등불이 되고 벗'이 되어야 하는 것 아닌가? 소상공인들이 코로나로 쓰러지고 아파할 때 교회가 '눈물이 되리' 하며 다가가야 하는 것 아닌가? 하나님은 항상 '주의 사자'를 통하여 하나님의 백성들을 보호하시고, 인도하셨다. 그런데 '주의 사자'라는 말이 눈에 보이지 않는 천사를 가리키기도 하고, 눈에 보이는 주의 종들, 하나님이 세우신 자들을 가리키기도 한다. 따라서 눈에 보이는 천사가 하지 않는 일은 눈에 보이는 천사인 우리에게 맡기신 일이다. 이러든 저러든 우리는 마음이 아플 때 천사를 만나면 살 수 있다.

칭찬으로 사람을 단련하느니라

최근 우리 교회는 '가족은행'을 시작했다. 200만 원 이내 소규모 대출을 진행하는 프로그램이다. 은행을 마음껏 이용하는 사람들이야 돈 때문에 서러운 대접을 별로 당하지 않지만 가난한 사람들은 다르다. 정작 필요할 때 은행을 이용할 수 없다. 그래서 교회 내 지인들에게 돈을 차용하게 되는데 그 과정에서 많은 문제가 발생한다. 피차간에 상처를 경험한다. 그래서 고민 끝에 교회적인 구제 시스템을 은행의 형태로 만들게 된 것이다. 빌려주는 사람도, 빌려가는 사람도 당당하도록 제도를 만들었다. 만약 우리가 서러운 세월을 보내지 않았다면 이런 일은 감히 상상도 하지 않았을 것이다. 우리 교회가 어려운 이웃을 향해 부르는 일종의 응원가이다.

내가 아는 어떤 선배는 이런 이야기를 했다. "나는 절대로 성도를 칭찬하지 않는다. 습관이 되고 궁극적으로 상급을 빼앗는 일이기 때문이다." 그런데 우리 교회 애찬사역장 권사는 이런 고백을 했다. "우리는 주님 보고도 일하지만 목사님 보고도 일합니다. 그래서 목사님이 칭찬해 주시면 기분이 너무 좋습니다." 어떤 말이 옳은가? 성경적으로, 또 '예배 시간에 사람에게 박수치지 말라.'는 가르침은 어떻게 생각하는가? 혹자는 찬양대가 뜨거운 찬양을 한 다음에 감동이 되어도 박수를 치지 말라고 한다. 예배는 하나님께만 영광을 돌려야 하기 때문에 그렇다는 것이다.

그런데 우리 교회는 찬양은 두말할 것 없고 특별 헌금을 드리면 박수를 쳐준다. 심지어 예배에 참석해도 박수를 쳐준다. 어떻게 생각하는가? 질문을 바꾸어 보자. 여러분이 박수 받는 주인공이라면 기분이 나쁘겠는가? 여러분의 자녀라면 어떻겠는가? 심지어 어떤 설교자는 성경의 인물들을 들어 모범적 관점으로 설교해도 화를 낸다. 이유인즉 하나님이 위대하지 사람이 위대할 수 없다는 것이다. 과연 그런가? 정말 하나님만 귀하고, 말씀에 순종하여 독자 이삭을 바친 아브라함은 귀하지 않는가? 하나님께만 박수를 쳐야 하고 아브라함에게 박수를 치면 안 되는가?

결론부터 이야기하면 이 모든 주장들은 성경의 가르침과 전혀 다른 이야기다. 오히려 이 부분이 막혀서 한국 교회가 쇠퇴하고 있다. 만약 목사가 성도를 칭찬하지 않으려면 눈에 보이지 않는 천사와 목회해야 옳다. 그 천사는 결코 칭찬을 들을 필요가 없다. 하지만 눈에 보이는 천사인 주의 종들은 다르다. 그 천사는 위로 받아야 살고 칭찬받아야 성장을 이룰 수 있다.

성경에도 분명히 말씀한다.

> "도가니로 은을, 풀무로 금을, 칭찬으로 사람을 단련하느니라."
> (잠 27:21)

> "서로 돌아보아 사랑과 선행을 격려하며"(히 10:24)

교회의 응원가를 울려 퍼지게 하자

그러니까 신자들이 모일 때마다 할 일은 두 가지다. 하나는 하나님께 온전히 예배하는 것이고 또 하나는 우리 안에 시작된 사랑의 역사, 소망의 역사, 인내의 역사들 즉, 선행들을 격려하는 것이다. 그 격려의 방법이 박수일 수 있고, 칭찬일 수 있고, 공개적인 축복일 수 있다. 바울 서신의 상당 부분이 위로와 격려이다. 오늘날 우리의 예배 안에는 번제의 정신만 있는 것이 아니고 화목제의 기능도 포함되어 있기에 가능한 일들이다.

어떻게 하나님만 귀하고 하나님이 독생자를 주어 산 믿음의 사람들, 하나님의 자녀들이 귀하지 않는가? 이 위기 중에도 믿음의 자리를 지킨 교인들이 천사와 같지 않는가? 우리가 그들을 축복하고, 칭찬하지 않으면 누가 그들에게 박수하겠는가? 국제적인 선수일수록 중요한 일을 하는 사람일수록 큰 격려와 응원, 강력한 지지가 뒷받침되어야 한다.

나는 외부 부흥회 때마다 이 응원의 필요성을 절실히 느낀다. 어떤 부흥회든지 온갖 방해가 뒤따르기 마련이다. 협력과 응원 없이 그 일을 감당한다는 것은 정말 어렵다. 그래서 교역자는 물론이거니와 중직자들과의 동행을 좋아한다. 바울도 감옥에 갇혀 있을 때 자주 찾아와 격려해 준 동역자의 이름을 기억하고 밝혔다. 그런데 한국 교회는 이것을 막아 버렸다. 유교, 공자의 가르침이다. 기독교 문화는 드러내고 함께 기뻐하는 것이지 결코 감추는 것이 아니다.

칭찬과 응원은 강력한 힘을 지니고 있다. 불가능을 가능하게 한다. 나부터 살아나고 공동체가 살아난다. 가정이 살아나고 교회가 살아난다. 부디 교회들의 응원가가 다시 울려 퍼지길 소원한다. 목사를 향한 응원가, 교인을 향한 응원가가 갈수록 뜨거워져야 한다. 더 나아가 교회가 세상을 향해 노래해야 한다. 교회는 이 세상을 희망으로 일으키는 하늘나라 응원단이다.

"네가 만약 괴로울 때면 내가 위로해줄게. 네가 만약 서러울 때면 내가 눈물이 되리. 어두운 밤 험한 길 걸을 때 내가 내가 내가 너의 등불이 되리. 허전하고 쓸쓸할 때 내가 너의 벗 되리라. 나는 너의 영원한 형제야. 나는 너의 친구야. 나는 너의 영원한 노래야. 나는 나는 나는 나는 너의 기쁨이야."

09

교회는 못자리다

"만일 내가 지체하면 너로 하여금 하나님의 집에서 어떻게 행하여야 할지를 알게 하려 함이니 이 집은 살아 계신 하나님의 교회요 진리의 기둥과 터니라."(딤전 3:15)

바울은 교회를 '진리의 기둥과 터'라고 했다. 진리로 무장해서 하나님의 사람으로 성장하는 곳이라는 의미다. 모든 일은 기본이 중요하고 처음이 중요하다. 건물을 지을 때도 기초 공사가 중요하다. 기초 공사가 잘 된 건물은 쉽게 무너지지 않는다. 자연 만물도 마찬가지다. 식물도 뿌리가 튼튼해야 한다. 건물의 기초도, 식물의 뿌리도 땅 속에 있어서 눈에 보이지 않는다. 그러나 그 기초가 모든 것을 좌우한다. 벼농사에서도 가장 기본인 '못자리'가 매우 중요하다.

벼농사에서 가장 중요한 '못자리'

혹시 못자리를 아는가? 벼를 기르는 상자 또는 작은 온실을 말한다. 못자리 만드는 과정을 간단히 설명하면 다음과 같다.

못자리 1. 먼저 오염되지 않은 흙을 곱게 쳐낸다.
못자리 2. 쳐낸 흙을 규격 사이즈 상자에 담는다.
못자리 3. 흙 위에 물을 뿌린다.
못자리 4. 촉촉이 젖은 흙 위에 볍씨를 뿌린다.
못자리 5. 볍씨 위에 다시 흙을 덮는다.
못자리 6. 그 위에 부직포 등을 덮는다.
못자리 7. 온도를 맞추고 통풍을 실시한다.

물론 이 과정 이전에 볍씨를 담그고 소독을 해야 한다. 이때 소독이 잘못되면 볍씨가 썩어버리고 병충해에 그대로 노출된다. 여하튼 이렇게 만들어진 못자리에서 싹이 나고 모가 자라면 그 못 판을 이앙기에 올려서 논에 모를 심는다. 물론 사람이 심을 수도 있다. 사람이 심을 때는 양쪽에서 못 줄을 잡아주고 그 줄에 맞춰서 심으면 된다. 이때 누군가 노래를 부르기도 하고, 누군가는 식사를 준비해서 들판으로 가져오기도 한다. 아마 요즘 젊은 사람들에게는 생소한 풍경일 수 있다. 농부에게 가장 분주한 시간이고, 많은 정성과 에너지를 쏟는 시간이다.

이미 눈치 챘겠지만 벼농사 중에서 가장 중요한 공정은 바로 못자리 만들기다. 못자리에서 볍씨가 자라고 뿌리를 내리기 때문이다. 못자리 없는 벼농사는 없다. 대안학교 운동을 처음 시작할 때 정말 많이 받았던 질문이 있다. "교회에서 아이들을 가르치면 온실 속의 화초가 되는 것 아닙니까?"였다. 부정적인 관점에서 온실을 본 것이다. 그런데 온실, 비닐하우스의 긍정적인 면이 있다. 나는 이것을 '비닐하우스 이론'이라 부른다. 교회는 어떤 의미에서 온실이고, 비닐하우스다. 세상의 밥이 될 인물들을 길러내는 곳이라는 이야기다. 온실을 만드는 이유는 분명하다. 환경 조건이 맞지 않기 때문이다.

다시 말해 우리 자녀들을 세상이 하나님의 사람으로 양육해 주지 않는다. 오히려 공격하고, 없애 버리려고 한다. 뿌리 내림이 쉽지 않은 이유다. '뿌리 내림'이라는 것은 한 사람의 정체성과 같다. 뿌리가 어디에 내려져 있느냐에 따라서 인생의 방향이 달라진다. 또한 뿌리의 깊이에 따라서 세상을 살아갈 때 만나는 풍파들을 맞설 수 있다.

신앙 교육의 못자리 만들기

날이 갈수록 우리 아이들이 만나는 토양의 오염도는 심각하다. 신앙은 고사하고 이제는 성정체성 문제까지 혼란스럽게 한다. 남자와 여자의 연합이 가정인데 이제는 그 기본을 뒤집어 버리려고 한다. 구원은 또 어떤가? 이제는 모든 종교의 통합을 주장하는 시대다. 모든 것이 뒤죽박죽 대혼란의 상황이다. 이때 필요한 것이

제대로 된 못자리다. 소독 수준부터 지난날과는 달라져야 한다. 그런데 안타깝게도 이 시대 교회들이 못자리 없는 풍년 농사를 기대한다. 그것이 가당키나 한가? 뿌리 내림이 실하지 않는데, 쌀농사로 치면 모가 부실한데 어떻게 풍년 수확인가? 뿌리 깊은 나무가 아닌데 어떻게 바람이 아니 뫼겠는가?

우리나라 조기 교육의 열풍은 전 세계에 영향을 미쳤지만, 그 교육의 내용은 인생의 성패를 가르는 내용이 아니다. 반면에 청교도들은 '사탄이 어렸을 때부터 공격을 퍼붓는다.'고 믿었다. 그래서 조기 신앙 교육에 집중했다. 물론 광주청사교회는 조기 신앙 교육으로 한국 교회를 대표하는 '5대 신앙'을 가르치는 중이다. 하지만 그 일이 어느 날 뚝딱 이루어지지 않는다. 다른 것은 속성 과정이 있을지 모르지만 신앙 교육만은 그 일이 불가능하다. 성령의 불 한 번 체험했다고 사람이 바뀌지 않는다. 체계적인 교육을 통하여 위대한 일꾼으로 변화되는 것이다. 그래서 우리 예수님도 제자들을 친히 산, 들, 강, 바다로 데리고 다니면서 가르치셨다.

그래서 교회는 제대로 된 신앙 교육의 못자리를 구축해야 한다. 바울과 디모데를 통하여 그 원리를 소개하면 좀 더 이해가 빠를 것 같다. 디모데후서의 전체 줄기는 디모데전서와 크게 다르지 않다. 그러나 디모데후서는 신실한 하나님의 종의 필요성에 대해서 말씀하고 있다. 특별히 바울은 디모데를 향하여 "너 보기를 원함은 내 기쁨이 가득하게 하려 함이라."(딤후 1:4)라고 고백했다. 바울의 입장에서 신실한 복음의 통로인 디모데가 귀하고 소중했던 것이다.

교회적으로 이런 일꾼을 세우는 것은 참 중요한 일이다. 어떻게 이런 신실한 일꾼을 세울 수 있는가? 무엇보다 못자리를 튼실하게 만들어야 한다. 구체적인 원리를 살펴보자.

<원리 1> 외조모와 어머니의 믿음이 디모데에게 흘러갔다.

> "이는 네 속에 거짓이 없는 믿음이 있음을 생각함이라. 이 믿음은 먼저 네 외조모 로이스와 네 어머니 유니게 속에 있더니 네 속에도 있는 줄을 확신하노라."(딤후 1:5)

다시 말해, 가정을 통해 신실한 일꾼이 세워진다는 이야기다. 마틴 루터 킹(Martin Luther King Jr.) 목사는 "사랑의 힘"이라는 그의 설교에서 "나의 부모는 너무 가난해서 나에게 아무것도 물려주지 못하였습니다. 그러나 부모님은 나에게 가장 값진 유산 하나를 물려주셨는데 그것은 믿음과 사랑입니다."고 했다. 기독 교육의 출발점이자 종착지는 가정이다.

그런데 이 시대 많은 그리스도인들은 이렇게 생각하지 않는 것 같아서 아쉽다. 조기 유학과 기숙 학교 등에 주저함 없이 자녀를 맡겨 버리는 것도 이런 의식의 부재 때문일 것이다. 상당히 위험한 일이다. 오랜 기간 가정을 떠나야 하기 때문이다. '기독 부모' 없이 '기독 교육'은 불가능하다. 바울은 이 부분을 정확하게 지적한다. '너의 거짓 없는 믿음이 외할머니 로이스와 어머니 유니게 속에 있었다.' 좋은 것도 흘러가고 나쁜 것도 흘러간다.

디모데와 모세의 조기 교육

성경을 보면 디모데는 두 가지 면에서 약점이 있었다. 먼저 건강이 약했다. "위장과 자주 나는 병을 위해 포도주를 사용하라."(딤전 5:23)는 권면을 보아 그는 약골 체질이었음을 짐작할 수 있다. 또 하나는 가정적인 결함이 있었다. 어머니는 율법에 익숙하고 믿음을 가진 히브리 사람이었다. 반면에 그의 아버지는 헬라 사람이었다. 그러니까 디모데는 유대인과 헬라인 사이에서 태어난 일종의 혼혈아였다. 어릴 적부터 심한 갈등이 있었을 것이다. 그럼에도 불구하고 훗날 위대한 목회자가 되어 바울의 기쁨이 되었다. 이것은 이미 밝힌 대로 순전히 외가 쪽의 신앙 영향이었다. 여기서 확인할 수 있는 중요한 원리는 자녀를 세우는 데 있어서 가족의 역할은 절대적이라는 사실이다.

우리는 보통 가족을 함께 살아가는 피붙이 정도로 이해한다. 그래서 자녀의 교육은 가족이 아닌 전문가가 책임져야 한다고 생각하는 경우가 많다. 그러나 성경의 가르침은 다르다. 일단 성경이 말하는 가족(히브리어, בית 바이트)은 가족 구성원을 경제적, 신체적으로 보호하는 것은 물론이거니와 가족의 번성을 위해 말씀의 원리를 교육하고 구성원 간의 긍정적 상호 작용을 하는 통로이다. 모세 가족을 예로 들어 설명할 수 있다. 애굽으로 이주해 와서 자리를 잡았던 야곱의 후손들은 엄청난 속도로 번성했고 급기야 바로를 두렵게 하는 세력이 되었다.

> "그러나 그들이 학대를 받으면 받을수록 더 많이 번성하여 그 수가 늘어가자 이집트 사람들은 이스라엘 사람들을 두려워하여"(출 1:12)

그래서 바로는 이들을 종으로 취급하며 남자아이를 다 죽이라고 명령했다.

> "이르되 너희는 히브리 여인을 위하여 해산을 도울 때에 그 자리를 살펴서 아들이거든 그를 죽이고 딸이거든 살려두라."(출 1:16)

하지만 모세는 이 억압에도 죽지 않았다. 오히려 이스라엘을 구원하는 위대한 지도자가 되었다. 그의 가족 때문이다. 그의 가족은 모세를 보호하기 위하여 그에게 믿음을 전수하고 말씀을 가르치기 위해 일사분란하게 움직였다. 일단 물에 잠기지 않는 갈대 상자를 만들어 아기를 담아 물이 흐르지 않는 갈대 사이에 놓았다.

> "더 숨길 수 없게 되매 그를 위하여 갈대 상자를 가져다가 역청과 나무 진을 칠하고 아기를 거기 담아 나일 강 가 갈대 사이에 두고"(출 2:3)

바로의 딸이 그 아기를 발견할 수 있는 정확한 시간과 장소에 그 상자를 두었다. 요게벳은 유모가 되어 모세 조기 교육을 책임졌다. 비록 가족의 울타리 안에서 사랑 받으며 자랄 수 없는 상황이었지만 가족이 속한 공동체의 정체성을 잃지 않도록 끝까지 온 가족은 최선을 다했다.

교회들마다 이런 가족들이 있다. 자녀를 신앙으로 세우고자 새벽부터 부지런히 땀을 흘리며 분주하게 움직이는 자들이다. 우리 교회의 경우 샬롬스쿨에서 교육받게 하는 일이 보통 어려운 일이 아닌데도 가족의 도움으로 거뜬히 이겨내는 학생들이 많다. 물론 반대의 경우도 있다. 여전히 아무것도 하지 않는 자들이다. 그러니까 우리 주변에는 가족이 있으나 가족이 없는 자녀들이 의외로 많다.

가족은 하나님이 맺어주신 신앙 공동체

또 다른 가족의 좋은 모델은 엘리멜렉의 가족이다. 엘리멜렉과 그의 아내 나오미는 두 아들 말론과 기룐을 데리고 모압 지방으로 내려갔다. 이들 가족은 흉년을 피해 모압 땅으로 갔다. 그런데 이 가족에게 큰 시련이 닥친다. 가장을 비롯해 두 아들이 죽음을 맞이하고 아내와 두 며느리만 남게 되었다. 사실 이들을 가족으로 맺어준 남자들이 다 죽었기에 엄밀한 의미에서 이 여인들은 가족이 아니다.

하지만 이들은 끈끈한 가족 관계를 유지하며 고난을 이겼다. 정말 며느리를 향한 시어머니의 사랑과 시어머니를 향한 룻의 존경심은 진한 감동을 준다. 이 가족 사랑으로 인해 이 집에서 다윗이 태어났고 그 계보를 타고 예수님이 오셨다. 가족이 사랑으로 뭉치면 위대한 역사를 쓸 수 있다. 가족은 단순히 한 집에 거주하며 의식주 문제만을 함께 해결하는 사람들이 아니다. 원수의 불화살을 막아주고 위로하고, 격려하며 무엇보다 영적 건강을 책임지는 통로이다.

그런 관점에서 여러분에게는 가족이 있는가? 이 시대 많은 가정들은 여전히 피붙이 수준에 머물러 있다. 서로를 지켜주지 못하고 온갖 상처로 충만하다. 오죽하면 자녀들이 결혼을 거부하겠는가? 요즘에는 학대 관련 뉴스가 줄을 잇고 있다. 바른 교육은 불가능하다. 물론 성경이 말하는 가족은 꼭 혈연관계만으로 국한되지 않는다. 그 이상의 공동체일 수 있다. 룻과 나오미를 통해서도 그 가능성은 확인된다. 그런데 이 시대는 이런 가족 공동체의 영성을 찾아보기가 어렵다.

그렇다면 왜 이 시대 가족은 학대 공동체로 변질되었을까? 왜 사랑하고, 위로해야 할 가족이 상처의 근원지가 되었을까? 이유는 하나님의 사랑과 은혜가 고갈되었기 때문이다. 다시 말해 성경이 말하는 가족은 곧 신앙 공동체임을 망각한 것이다. 성경은 분명히 말씀한다.

> "5 그것들에게 절하지 말며 그것들을 섬기지 말라. 나 네 하나님 여호와는 질투하는 하나님인즉 나를 미워하는 자의 죄를 갚되 아버지로부터 아들에게로 삼사 대까지 이르게 하거니와 6 나를 사랑하고 내 계명을 지키는 자에게는 천 대까지 은혜를 베푸느니라."(출 20:5-6)

그러니까 현재의 가족이 보호를 받고 미래의 가족 공동체를 안전하게 지키는 길은 하나님의 명령대로 행하는 것이다. 단적인 예로, 초라한 아브라함의 무리가 탄탄한 바로의 궁을 넘어서지 않는가? 우리 힘으로 가정을 지킬 수 없고 자녀를 세울 수 없다. 자녀를 키워본 사람이라면 동의하겠지만 자녀는 내 마음대로 되지 않는다. 내가 어떻게 할 수 없는 존재가 자녀이다. 그래서 은혜 없는 자녀 교육은 결국 학대로 흘러가고 상처만 남기게 된다. 자녀를 향한 부모의 집착은 모든 것을 파괴시켜 버린다. 은혜 받아야 가족이다.

한 초등학생의 시가 도전이 된다.

> 엄마가 있어 좋다
> 나를 이뻐해 주셔서
> 냉장고가 있어 좋다
> 나에게 먹을 것을 주어서
> 강아지가 있어 좋다
> 나랑 놀아 주어서
> 아빠는 왜 있는지 모르겠다

감사하게도 디모데에게는 외할머니와 어머니가 가족이 되어 준 것이다.

영적인 멘토를 통한 훈련

<원리 2> 바울의 안수로 은사에 불을 붙였다.

> "그러므로 내가 나의 안수함으로 네 속에 있는 하나님의 은사를 다시 불일 듯 하게 하기 위하여 너로 생각하게 하노니"(딤후 1:6)

오늘날 개념으로 교회에서 영적 멘토를 통한 체계적인 훈련을 받았다는 의미다. 디모데는 좋은 신앙의 소유자였다. 차디찬 감옥에서 바울이 미소를 띠며 그리워했던 사람이기도 하다. 마지막 순간에 생각한 사람이 디모데였다는 것이 대단하지 않은가? 하지만 바울은 디모데에게 분명히 권한다.

> "7 하나님이 우리에게 주신 것은 두려워하는 마음이 아니요 오직 능력과 사랑과 절제하는 마음이니 8 그러므로 너는 내가 우리 주를 증언함과 또는 주를 위하여 갇힌 자 된 나를 부끄러워하지 말고 오직 하나님의 능력을 따라 복음과 함께 고난을 받으라."(딤후 1:7-8)

목회는 결코 청결한 양심만으로 되지 않는다. 고난을 받아야 하기 때문이다. 그래서 능력을 받아야 하고, 사랑해야 하며, 절제해야 한다. 그러니까 디모데에게는 눈물이 있고 청결한 양심도 있었지만 목회적 역량에 대해서만은 여전히 많은 것이 부족했다. 그래서 바울은 멘토로 안수하며 축복했다. 지금도 많은 사람들이 청결한 양심과 순결한 신앙은 있으나 자신의 분야에서 영향력을 행사하지 못하는 경우가 있다. 그것은 다름 아닌 멘토를 통한 체계적인 훈련을 받지 못해서이다. 멘토는 알고 있다. 그 분야의 전문가이기 때문에 보이는 것이 있고, 느껴지는 바가 있다. 그래서 바울은 마지막 순간에도 디모데가 목사와 교사로 살아갈 때 필요한 것을 정확하게 짚어준다. 큰 복이다.

내가 이 자리에 서게 된 것도 이러한 기독 교육의 원리를 통해서다. 먼저 나는 농촌에서 목회하시는 부모님을 통하여 청결한 양심과 새벽 무릎, 성령 체험과 연약한 자를 섬기는 마음들을 물려받았다. 하지만 유약한 마음이 문제였다. 또한 인내심이 약했고 절제하는 마음도 부족했다. 그래서 하나님은 나를 신학교 입학과 동시에 서울로 인도하셨다. 멘토를 만나게 하신 것이다. 나의 멘토는 설교에 모든 것을 거신 분이었다. 복음으로 인해 온갖 고난을 경험하신 분이었고, 전 세계 목회자들에게 듣든지 아니 듣든지 말씀을 가르치는 목사요 교사였다. 내가 가지지 못한 부분을 그분은 다 갖추고 계셨다. 기질은 비슷해 보이나 그분은 연단되었고 나는 가능성만을 가지고 있었다.

훈련의 과정은 아팠다. 하지만 가슴으로 받았고 견뎠다. 그 훈련이 지금 나의 목회를 가능하게 만든 것이다. 청결한 양심과 착한 마음뿐이었다면 자선 사업가는 될지 모르나 담임 목사는 불가능했을 것이다. 사무엘의 경우도 제사장으로 세워야 하니 제사장 집에 보내지 않았는가? 요셉은 총리가 되어야 하니 정치인들이 머무는 감옥에 갔다. 그를 싫어하는 사람들이 그리한 것 같지만 사실은 전능하신 하나님이 그렇게 하신 것이다. 신실한 종이 되고 싶거든 부디 훈련을 소홀히 하지 말라. 멘토를 사랑하라. 좋은 것을 함께하고 영접하라. 안수하고 축복할 때 아멘으로 받으라.

어느덧 나도 후배를 가르치는 스승의 위치에 섰다. 감사하게 부목사 중에서 스승이라 부르는 자들이 생겨났다. 그 말이 진짜인가는 안수하며 축복할 때 수용하는가를 보면 알 일이다. 바울도 동일한 고백을 하고 있다.

> "13 너는 그리스도 예수 안에 있는 믿음과 사랑으로써 내게 들은 바 바른 말을 본받아 지키고 14 우리 안에 거하시는 성령으로 말미암아 네게 부탁한 아름다운 것을 지키라."(딤후 1:13-14)

뿌리 깊은 나무가 세상을 이긴다

복음의 신실한 일꾼이 그리운 시대다. 그 일꾼은 가정 못자리를 통하여 기초를 만들고, 교회 못자리 멘토를 통하여 은사에 불을 붙여야 세워진다.

내가 확신하는 것은 샬롬스쿨을 졸업한 우리 자녀들이 자라서 교회 직분자가 되고 교회를 책임지고 섬길 때 그 교회는 사랑이고 평안일 것이다. 이들을 보면 일단 서로 간에 비교, 경쟁, 상처들이 없다. 조기 샬롬 교육이 이루어진 학생일수록 평안이 있고 교회와 목사를 좋아한다. 어른들은 상처로 인한 일부 공격 성향을 보이는 데 반해 아이들은 다르다. 어렸을 때 어떤 못자리에서 자랐는가가 신앙의 방향을 가른 것 같다.

오래 전 동남아 지역을 방문했을 때 밥을 먹으면 밥이 날아 다닌다는 느낌을 받았다. 쌀 수준이 달랐다. 뒤돌아서면 배가 고팠다. 쌀이 좋은 쌀이 아니다. 그러나 선진국의 쌀은 수준이 다르다. 윤기 자체가 다르고 찰기가 흐른다. 우리 자녀들이 세상의 밥이 될 때 수준이 다를 것이다. 이들이 내 놓은 아이디어, 하는 말들이 기업을 살리고 나라를 살릴 것이다. 이들 안에 예수님이 있고 교회가 있고 하나님 나라가 있기 때문이다. 나무 값의 핵심은 뿌리 쪽에 있다. 뿌리 관리를 어떻게 했느냐에 따라서 값이 달라지고, 심겨지는 위치도 달라진다. 뿌리 관리가 잘 된 나무는 어떤 토양에서도 다 살아남는다. 교회는 뿌리 깊은 나무를 기를 수 있는 토양을 준비해야 한다. 그 뿌리가 깊게 뻗을수록 세상에 미칠 영향력은 클 것이다.

바울은 교회를 '진리의 기둥과 터'라고 했다. 진리로 무장해서 하나님의 사람으로 성장하는 곳이라는 의미다. 내가 교회를 못자리다 하는 이유가 여기에 있다. 드디어 우리 샬롬스쿨에서도 유학생이 나왔다. 이들은 미국에 가고, 영국에 가서도 새벽 기도를 할 것이다. 감동이지 않은가? 새벽 기도가 없는 그 땅에서 두 손을 들고 기도할 우리 자녀들이 얼마나 기특한가? 아마 놀랄 것이다. 그리고 세계의 사람들이 물을 것이다. 이기는 비결에 대해서. 또한 지혜의 근원에 대해서도 궁금해 할 것이다. 그때 당당히 '새벽 기도에 있다'고 말하면 좋겠다. 이것이 별의 비밀이고, 촛대의 비밀이다.

한국 교회여, 부디 못자리를 조성하라. 뿌리가 깊이 내릴 수 있도록 최고의 토양과 시설을 갖추라. 뿌리 깊은 나무가 세상을 이길 수 있기 때문이다. 뿌리 깊은 나무는 줄기와 잎이 바람에 흔들려도 쉽게 뽑히지 않는다. 신앙도 마찬가지다. 뿌리 깊은 신앙은 역경과 고난 가운데서도 쉽게 무너지지 않는다. 교회는 신앙의 뿌리를 내려주는 생명의 못자리다.

10

교회는 헐몬의 이슬이다

"1 보라 형제가 연합하여 동거함이 어찌 그리 선하고 아름다운고 2 머리에 있는 보배로운 기름이 수염 곧 아론의 수염에 흘러서 그의 옷깃까지 내림 같고 3 헐몬의 이슬이 시온의 산들에 내림 같도다. 거기서 여호와께서 복을 명령하셨나니 곧 영생이로다."(시 133:1-3)

이스라엘 땅은 물이 매우 귀하다. 그런 이스라엘이 물을 끊임없이 얻을 수 있는 비결은 헐몬산 덕분이다. 헐몬산은 비가 많지 않은데도 이스라엘 강들의 근원이 된다. 그 비밀은 바로 '헐몬의 이슬'에 있다. 낮과 밤의 온도차가 매우 커서 대기의 수분을 급격히 냉각하여 밤에는 이슬이 비오듯 쏟아진다. 헐몬산에서 형성된 물줄기가 많은 산에 흐르며 땅을 적시고 생명을 주고 열매 맺게 한다. 한국 교회도 이 시대 '헐몬의 이슬'이 되어야 한다. 이 땅에 풍성한 생명의 역사를 일으켜야 한다.

교회를 통해 나타나는 생명의 역사

시편 133편 1-3절의 말씀만큼 교회의 영광, 신자의 영광을 잘 보여주는 내용은 없다고 생각한다. 크게 두 가지 이미지가 등장한다.

< 이미지 1 > 대제사장 자격으로 선 아론에 기름이 부어지는 장면이다.

"머리에 있는 보배로운 기름이 수염 곧 아론의 수염에 흘러서 그의 옷깃까지 내림 같고"(시 133:2)

< 이미지 2 > 헐몬산의 이슬이 온 산들을 촉촉이 적시는 장면이다.

"헐몬의 이슬이 시온의 산들에 내림 같도다. …."(시 133:3)

헐몬산은 유대 땅에서 가장 높은 곳이다. 비가 귀한 유대 땅에서 '헐몬산의 이슬'이란 특별한 의미가 있다. 한마디로 교회를 통해 드러날 신적인 능력, 생명의 역사를 상징적으로 표현한 것이다. 교회에 대한 수많은 정의가 있고 외침이 있다. 그러나 내가 아는 교회는 '헐몬의 이슬'이다. 다시 말해 생명이다.

복음 성가 가사 중 이런 가사가 있다.

"우리에게 소원이 하나 있네 … 성령 안에 예배하리라. 자유의 마음으로 사랑으로 사역하리라."

그 이유가 분명하다. "교회는 생명이니."

바울은 교회를 주님의 몸이요 주님의 충만함이 있는 곳이라 했다.

> "교회는 그의 몸이니 만물 안에서 만물을 충만하게 하시는 이의 충만함이니라." (엡1:23)

에스겔서에 나타난 생수의 강 환상

에스겔 선지자는 회복된 성전의 모습을 '생수의 강'으로 표현했다. 교회가 고귀한 것은 세상이 줄 수 없는 이 생수가 있기 때문이다. 그런데 생수의 강 환상을 보면 왜 처음부터 콸콸 넘치지 않고 작게 흐르다가 나중에 많아지고 깊어졌는가? 크게 두 가지 해석이 가능하다.

<해석1> 구약 시대의 성령과 신약 시대의 성령의 역사가 다르다.

구약 시대의 성령의 역사는 충만하게 모든 백성에게 부어지는 역사가 아니었다. 보혜사의 역사는 신약 시대의 역사. 우리 안에 거하시고 우리를 새롭게 하시는 역사는 신약 시대의 역사. 그래서 갈수록 물이 많아지고 깊어진다는 해석이다.

< **해석 2** > 예수님께서 죽으시기 전과 죽으신 후 성령의 역사가 달랐다.

예수님이 살아 계실 때 성령의 역사가 나타났다. 가는 곳마다 기적이 일어났다. 그런데 그 역사는 발목이나 무릎 수준이었다. 제한적으로 역사가 일어났다. 그래서 제자들도 예수님처럼 권능을 나타내지 못했다. 그러나 예수님이 부활 승천하신 후 오순절의 성령의 역사가 일어나자 상황은 달라졌다. 이미 허리 이상의 강이 되었고 온 세상을 뒤덮은 강물이 되었다.

둘 다 가능한 해석이라 생각한다. 그런데 에스겔 47장을 보면 성전의 생수의 방향이 바뀐다. 처음에는 동쪽으로 흐르다가 나중에는 남쪽으로 바뀐다.

"그가 나를 데리고 성전 문에 이르시니 성전의 앞면이 동쪽을 향하였는데 그 문지방 밑에 물이 나와 동쪽으로 흐르다가 성전 오른쪽 제단 남쪽으로 흘러내리더라."(겔 47:1)

역시 여기에도 중요한 의미들이 있다. 일단 동쪽은 하나님의 방향이다. 그러니까 성령의 능력은 우리로 하여금 하나님을 찾게 하고 말씀의 보화를 캐내어 믿음의 부요자가 되게 한다.

"강 좌우 가에는 각종 먹을 과실나무가 자라서 그 잎이 시들지 아니하며 열매가 끊이지 아니하고 달마다 새 열매를 맺으리니 그 물이

성소를 통하여 나옴이라. 그 열매는 먹을 만하고 그 잎사귀는 약 재료가 되리라."(겔 47:12)

말씀 그대로다. 성령으로 충만하면 사탄의 역사는 없어지고 날마다 생명의 역사만 넘쳐나게 된다. 그래서 바울은 '날마다 성령의 충만함을 받으라.'고 했다. 그러나 성령의 역사는 여기에 멈추지 않고 남쪽으로 흐른다. 남쪽은 세상을 상징한다. 성령의 충만한 역사가 세상을 바꿀 수 있음을 보여주는 것이다. 교회의 부흥과 지역의 발전, 세상의 변화는 무관하지 않다. 실제로 영국의 웨일즈 지역 부흥 운동은 세상을 바꾸었다. 우리 선조들이 장기를 팔아서라도 동네에 예배당을 건축하고자 했던 것은 그 일이 곧 인류 역사를 바꾸는 길이라 믿었기 때문이다.

부흥은 사명이다

강진영광교회를 부친이 개척할 때도 그런 일이 일어났다. 마을 사람들이 이 동네 젊은이가 죽기 때문에 '교회는 안 된다.'고 반대했다. 그 싸움의 수준이 상상을 초월한다. 반대자들은 건축 자재를 실은 차량의 진입을 막기 위해 도로에 눕고, 콘크리트를 손톱으로 파면서 통곡했다. 그러나 우리는 끝까지 예배당을 세웠다.

여하튼 에스겔의 환상 가운데 나타난 생수의 강이 사해로 흘러 들어간다. 썩어버린 이 세상을 말한다.

"그가 내게 이르시되 이 물이 동쪽으로 향하여 흘러 아라바로 내려가서 바다에 이르리니 이 흘러 내리는 물로 그 바다의 물이 되살아나리라."(겔 47:8)

"이 강물이 이르는 곳마다 번성하는 모든 생물이 살고 또 고기가 심히 많으리니 이 물이 흘러 들어가므로 바닷물이 되살아나겠고 이 강이 이르는 각처에 모든 것이 살 것이며"(겔 47:9)

세상의 특징은 썩는 것이다. 부흥만이 그 역사를 바꿀 수 있다. 교회가 속한 지역의 발전과 번영은 교회의 부흥과 무관하지 않다. 교회는 그 일을 위해 기도하고, 축복해야 한다. 필요한 정치인도 배출해야 한다. 교회가 그 지역에 서 있다는 것만으로도 마귀에게는 위협이 된다. 목사의 영향력, 교회의 영향력이 지역에 흘러간다. 우리에게 부흥은 사명이다. 아브라함을 부르시면서 하신 말씀이 '너는 복이 될지라.'이다. 왜 이 시대 교회를 향한 공격이 크다고 보는가? 교회의 가치를 마귀는 잘 알고 있기 때문이다. 무너지기를 원하는 이유가 있다. 따라서 우리 모두는 각자의 위치에서 끝까지 승리를 구해야 한다.

피터 드러커(Peter F. Drucker)는 세계적인 경영학자요 컨설턴트이다. 그는 존 F. 케네디 대통령을 비롯해서 트루먼, 닉슨, 클린턴과 세계 유수한 기업 회장, 정치인 등을 컨설팅한 사람이다. 그런가 하면 미래학자이기도 하다. 그는 이미 1950년대에 컴퓨터가 세계를 지배할 것이라고 예견했다. 그리고 1960년대에는 세계 대전으로 패망한 일본이 세계 경제의 주도권을 잡아갈 것이라고 예견하기도 했던 사람이다. 그런 그가 앞으로는 정부도, 공직자도, 시민도 아닌 비영리 단체가 그 시대와 그 사회의 미래를 이끌어간다고 했다. 그 비영리 단체 중에서도 교회를 우선 꼽았다. 이런 말을 하면 일부 사람들은 고개를 내저을지 모른다. 이번 코로나 시국을 지날 때 교회가 사회 혼란만을 초래하지 않았나 하는 부정적인 생각 때문이다.

그러나 그 반대이다. 코로나 시국 내내 정부는 교회를 '감염의 온상지'라고 규정했다. 이 말을 바꾸어 생각하면 현존하는 단체 중에 교회만큼 강력한 결속력을 가진 곳은 없다는 이야기이다. 이 시대 어떤 단체가 모이는가? 모든 모임 심지어 스포츠 경기까지 쇠퇴하는 상황이다. 그러나 사람 관계를 지속하지 못할 때 심각한 문제의 양상을 보이게 된다. 재미를 느낄 수 없고 재미를 느끼지 못하니 결국 심각한 우울증을 앓게 된다. 하지만 교회의 원리는 공동체이다. 모임이 교회이다. 죽어도 모일 것이다. 역사가 증명한 실상이다.

교회만이 세상을 바꿀 수 있다

요컨대 앞으로는 살고 싶은 사람은 교회를 찾을 수밖에 없다. 더 정확하게는 모임이 살아있는 교회로 사람들이 몰려들 것이다. 말콤 글래드웰(Malcom Gladwell)은 그의 책 『티핑 포인트(The Tipping Point)』에서 감염병 확산과 사회적 유행 전파가 비슷한 방식으로 이루어진다고 했다. 이들 모두 사회적 연결망을 통해서 확산된다. 그런 관점에서 교회만큼 강력한 연결망을 가진 집단은 없다.

실제로 역사 가운데 교회가 새로운 사상과 신념을 전파하는 데 매우 강력한 커넥터 역할을 해 왔었다. 그 단적인 예가 1919년 삼일 운동이다. 당시 기독교 인구는 21만 명으로 전체 인구의 1.4%에 불과했다. 그렇지만 삼일 운동 참여자 중 30% 이상이 기독교인이었다. 특별히 당시 교회는 독립선언서를 지방 구석구석에 전달하며 전국적 연결망을 유지하는 데 중요한 역할을 했다. 그러니까 삼일 운동의 성공 배경에는 교회의 커넥터 역할이 컸음을 부인할 수 없다. 이 평가는 교회 안팎에서 이루어지고 있다. 물론 이단과 같이 부정적인 영향력을 미치는 교회 아닌 단체들이 문제지만 제대로 된 교회들의 긍정적인 역할은 결코 무시할 수 없다.

교회는 생명이다. 교회는 헐몬산의 이슬이다. 교회는 스스로의 정체성을 회복해야 한다. 하루 속히 예배를 다시 살려야 한다. 모임을 다시 강화시켜야 한다. 그래야 교회만이 세상을 바꿀 수 있다는 사실을 증명할 수 있다.

덴마크는 1814년에 전쟁에 패해 지금의 노르웨이 땅을 잃었고 1864년에는 독일에게 국토의 3분의 1을 빼앗겼다. 남은 국토는 스칸디나비아 북해와 발트해의 바닷바람에 시달린 돌, 모래, 잡초만 무성한 땅이었다. 전쟁에 패망한 이후 국민들은 좌절과 실의에 빠졌고, 어두운 사회 분위기 속에서 알코올 중독자들이 늘어났다. 이런 암울한 상황에 있을 때 하나님의 성령이 그룬트비(Nicolas Grundtvig) 목사에게 임했다. 그 바람이 덴마크 전체에 불기 시작했다. 결코 어려운 이야기가 아니다. 성령이 계시고 교회가 움직이면 지금도 가능한 일이다.

성령에 감동된 그룬트비는 덴마크 국민의 의식을 일깨웠고 그는 국민이 실의에서 벗어나 스스로의 삶을 개척하도록 의식 개혁 운동을 벌였다. 그 결과 나라는 다시 세워졌고 전 세계에 영향을 미치는 강대국이 되었다. 유엔 행복 지수 조사에서 1위에 오르는 것은 물론이고 부패 지수는 세계에서 가장 낮은 나라가 덴마크다. 여전히 모든 조건은 열악하지만 세계적인 나라가 된 것은 두말할 것 없이 그룬트비 목사의 영향력 때문이다.

광주청사교회의 비전

나에게도 꿈이 있다. 지역을 위해 우리 교회가 하고 싶은 일들이다.

<하고 싶은 일 1> 출산 장려 운동

이미 우리 교회에 결혼 붐, 출산 붐이 일어나고 있다. 하지만 더욱 속도를 높이려고 한다. 출산 장려금은 물론이거니와 유아 스쿨 내에 3세 이전 유아 돌봄 시스템을 구축하여 운영 중이다.

<하고 싶은 일 2> 우리 지역을 광산구 관광명소로 만들기

우리 지역을 광산구 관광명소로 만들려고 한다. 반드시 찾을 수밖에 없는 먹거리, 볼거리가 있게 할 것이다. 센터 내 선교 기업들을 세계적인 기업들로 성장시키고, 월 1회 문화 공연도 개최하려고 한다. 이미 들래미 기업의 경우는 세계적인 기업으로 발돋움하고 있다.

< 하고 싶은 일 3 > 믿음의 정치인 키워내기

신앙이 깊은 구의원, 시의원, 구청장, 국회 의원, 대통령을 배출할 비전을 갖고 있다. 이미 다양한 후보들이 준비 중이다.

< 하고 싶은 일 4 > 가족 단위 테마 숙소 건립

주변 주택들을 구입하여 북스테이, 처지스테이 공간들을 만들 것이다. 단순히 호텔이 아니다. 가족 단위 테마 숙소 개념이다.

교회 사역은 생명 사역이다. 헐몬의 이슬은 이스라엘 땅을 적시고 생명을 준다. 마찬가지로 우리 광주청사교회도 헐몬의 이슬과 같이 우리 지역에 생명을 주기 위하여 최선을 다할 것이다. 더 나아가 한국 교회가 대한민국 방방곡곡에 역동적인 생명의 역사를 일으키는 헐몬의 이슬이 되어주기를 기도한다. 교회는 이 땅에 생명을 주는 '헐몬의 이슬'이다.

제3부

승리하는 교회

11

교회는 승리다

"또 우리 형제들이 어린 양의 피와 자기들이 증언하는 말씀으로써 그를 이겼으니 그들은 죽기까지 자기들의 생명을 아끼지 아니하였도다."(계 12:11)

기독교 역사를 보면 교회는 언제나 승리했다. 또한 우리는 하나님의 말씀인 성경을 통해 교회의 승리를 확신할 수 있다. 예수님은 "내가 이 반석 위에 내 교회를 세우리니 음부의 권세가 이기지 못하리라"(마 16:18b)고 말씀하셨다. 주님 오실 날이 가까울수록 영적 전투는 더욱 심해질 것이다. 그러나 구원받은 성도들은 두려움 없이 승리를 확신할 수 있다. 교회의 최후 승리는 하나님의 약속이기 때문이다.

지상 교회는 전투하는 교회

교회를 이야기할 때 두 가지 개념이 반드시 뒤따라야 한다. 하나는 영적 전투이고 또 하나는 하나님 나라이다. 그래서 조직신학적으로 지상 교회를 '전투하는 교회'라 한다. 그 싸움이 결국 하나님 나라 확장과 직결된다. 요한계시록에 보면 그 싸움이 얼마나 치열한지 모른다. 두 증인을 향한 공격, 해 입은 여자를 향한 공격의 모습으로 나타난다. 시체가 소돔, 애굽이라는 성 길에 나뒹군다 했다. 장례식도 할 수 없는 상황에 이른다. 오죽하면 다섯째 인을 뗄 때에는 탄식의 기도가 나온다.

> "9 다섯째 인을 떼실 때에 내가 보니 하나님의 말씀과 그들이 가진 증거로 말미암아 죽임을 당한 영혼들이 제단 아래에 있어 10 큰 소리로 불러 이르되 거룩하고 참되신 대주재여 땅에 거하는 자들을 심판하여 우리 피를 갚아 주지 아니하시기를 어느 때까지 하시려 하나이까 하니"(계 6:9-10)

베드로 사도는 그리스도의 이름으로 치욕을 당한다고 했다.

> "너희가 그리스도의 이름으로 치욕을 당하면 복 있는 자로다. 영광의 영 곧 하나님의 영이 너희 위에 계심이라."(벧전 4:14)

앞으로는 아예 법으로 교회를 통제하는 시대가 올 것이다. 이미 우리는 간접적으로 많은 것들을 경험하고 있다. 교인이라는 이유로 예배에 참석했다는 이유로 실직을 당하고 왕따를 당하는 상황에 이르렀다. 그런데 우리가 놓쳐서는 안 될 사실이 있다. 교회를 향한 공격이 있었고, 교회를 짓밟고자 하는 시도가 많았지만 마침내 교회가 승리했다는 것이다. 거대한 제국을 이긴 것이다. 찬송가 가사 그대로다.

"세상 나라들은 멸망당하나 예수 교회 영영 왕성하리라."

요한계시록에서 음녀의 세력은 큰 성 바벨론의 모습으로 나타났다. 금은 보석으로 치장하고 금잔을 들고 온갖 쾌락을 다 누렸다. 반면에 성도들은 그 앞에 초라한 지푸라기들이었다. 목이 잘리고 손톱이 뽑히는 자들이었다. 하지만 결론은 달랐다. 큰 성 바벨론과 같은 이 세상의 역사는 하루 만에 한 시간 만에 망했다. 반면 예수 교회는 영영 왕성 또 왕성해왔다.

그래서 요한계시록 21장에서 승리하는 교회, 성도의 영광은 하늘에서 내려오는 새 예루살렘 성으로 표현했다. 기가 막힌 장면이다. 그 성은 하나님의 영광이 있어 그 성의 빛이 보석 같다 했다. 해나 달의 비침이 쓸데없다 했다. 밤이 없다. 완전한 구원, 완전한 승리를 상징적으로 보여주는 것이다. 교회의 고난은 끝이 아니다. 고난의 때는 하늘의 뜻이 이 땅에 이루어지는 시간이다. 하나님 나라가 확장되는 시간이다. 그래서 고난의 때에 하늘이나 어디로 도피할 생각을 하면 안 된다. 고난의 중심에 서 있어야 한다.

감사하는 믿음이 곧 승리다

한번은 코로나 때문에 많은 교인이 모이지 못하자 부교역자들이 생일 축하 파티를 해 주었다. 교역자 자녀들까지 모였는데 감동 그 자체였다. 그 자리에서 아버지 목사님이 기도해 주셨다.

"하나님, 코로나로 하늘이 무너지는 것과 같은 고통을 겪었지만 이기게 하심을 감사합니다."

지나고 보면 우리는 항상 이겼다. 앞으로도 이길 것이다.

나는 한동안 'UDT/SEAL(해군 특수전전단) 지옥 훈련'에 관한 영상을 집중해서 본 적이 있다. 그 부대의 훈련의 강도는 보통이 넘는다. 사람이기를 포기해야 견딜 수 있는 훈련이다. 소개하는 영상에서 피디가 '왜 이 자리에 왔는가?' 물으니 '평생 꿈이었다.', '멋진 남자이고 싶었다.'고 소리쳤다. 가슴이 뭉클했다.

요즘 사회 분위기는 '적당히 살자'인 것 같다. 물론 그리스도인들도 예외가 아니다. 다들 꿈은 큰데 요셉처럼 대가를 지불하겠다는 마음이 없다. 믿음이 삶 속에 실제로 작동되지 않는 느낌이다. 목사로 치면 다 대형 교회, 위대한 교회 목회를 하고 싶어 한다. 그런데 대형 교회 목회 아무나 하는가? 부임하면 그냥 교회가 굴러가는가? 천만의 말씀이다. 수시로 결단해야 하는 것들이 있고, 울어야 하며 고독해야 하고, 희생해야 한다.

여호수아 16장-17장을 보면 요셉 자손에게 땅을 분배하는 내용이 나온다. 그저 평범한 이야기 같지만 이 스토리 속에 오늘을 사는 우리가 배워야 할 소중한 메시지가 담겨져 있다. 16장은 에브라임 지파, 17장은 므낫세 지파에 관한 기록이다. 에브라임과 므낫세는 요셉의 아들들인데 야곱의 축복으로 이스라엘의 12지파가 되었다. 결과적으로 요셉 자손은 에브라임, 므낫세 지파 이름으로 두 몫을 차지하게 되었다. 그런데 놀랍게 이들은 땅 분배에 대해서 이의를 제기한다.

> "요셉 자손이 여호수아에게 말하여 이르되 여호와께서 지금까지 내게 복을 주시므로 내가 큰 민족이 되었거늘 당신이 나의 기업을 위하여 한 제비, 한 분깃으로만 내게 주심은 어찌함이니이까 하니"
> (수 17:14)

과연 이들의 주장이 정당한가? 그렇지 않다. 그들은 다른 지파에 비해 넓은 땅을 받았다. 모세 시대에 모압 평지에서 인구 조사(민 26:28-37)를 행한 일이 있다. 그때 기록을 보면 므낫세 지파의 인구는 52,700명, 에브라임 지파는 32,500명에 불과하다. 그 중 므낫세 지파의 절반인 26,350명은 요단 동편 땅을 받았다. 남은 수는 에브라임 지파 32,500명과 므낫세 지파의 남은 절반인 26,350명을 다 합해도 6만 명이 채 되지 않는 58,850명이다. 이 숫자는 유다 지파의 76.500명, 단 지파의 64,400명, 잇사갈 지파의 64,300명 심지어 스불론 지파 60,500명에 비교해도 많은 숫자가 아니다.

그런데 감사와 기쁨의 고백은 고사하고 원망하고 투덜댄다. 이런 특성은 계속 이어진다. 그래서 나는 에브라임 지파를 '투덜이 지파'라고 부른다. 사사기서에서도 에브라임 지파의 이런 성향은 그대로 드러난다. 결국 입다에게 몰살당한다. 여하튼 이런 요셉 지파를 대하는 여호수아의 대응이 궁금했다. 나 역시 이런 상황을 종종 경험하기 때문이다.

두려움이 패배를 가져온다

목사의 입장에서 충분히 배려하여 어떤 결정을 내렸는데 항상 이의를 제기하는 자들이 있다. 상당한 충격을 느낀다. 도대체 왜 그러는 것일까? 여러 가지 이유를 댈 수 있지만 분명한 이유는 두려운 것이다. 가정교회 양육사들만 봐도 어느 순간이 지나니 '누구든지 맡겨 주라.'는 수준으로 바뀌었다. 하지만 처음에는 달랐다. 목사 입장에서 최상인데 정작 자신들에게 불평의 상황이었다. 양육사의 자리가 두려우니 누구를 봐도 다 싫었던 것이다.

본문에서도 그 사실을 확인할 수 있다. 놀랍게 여호수아는 요셉 지파의 위치와 능력들을 있는 그대로 다 인정한다. 그러면서 '개척하라'고 명령한다.

> "여호수아가 그들에게 이르되 네가 큰 민족이 되므로 에브라임 산지가 네게 너무 좁을진대 브리스 족속과 르바임 족속의 땅 삼림에 올라가서 스스로 개척하라 하니라."(수 17:15)

하지만 그들은 전혀 다른 소리를 한다.

> "요셉 자손이 이르되 그 산지는 우리에게 넉넉하지도 못하고 골짜기 땅에 거주하는 모든 가나안 족속에게는 벧 스안과 그 마을들에 거주하는 자이든지 이스르엘 골짜기에 거주하는 자이든지 다 철 병거가 있나이다 하니"(수 17:16)

무슨 말을 해도 싸울 마음이 없었던 것이다. 그 구체적인 이유가 본문에 나오는데 '철 병거'를 보았기 때문이다. 여호수아는 다시 권한다.

> "그 산지도 네 것이 되리니 비록 삼림이라도 네가 개척하라. 그 끝까지 네 것이 되리라. 가나안 족속이 비록 철 병거를 가졌고 강할지라도 네가 능히 그를 쫓아내리라."(수 17:18)

달라도 너무 다르지 않는가? 요셉 지파들은 '안 된다', '못 한다' 하는데 여호수아는 '너는 큰 민족이다', '큰 권능이 있다', '네가 능히 그를 쫓아내리라' 한다.

믿음의 기업 <죽 이야기> 임영서 대표

우리 교회 선교 기업 중 하나인 <죽 이야기> 매장 오픈 감사 예배 때 임영서 대표를 만났다. 신자라는 말은 들었지만 그 정도로 믿음이 좋은지는 몰랐다. 2003년에 첫 매장을 오픈하여 현재 국내

약 460여 개 이상의 가맹점, 중국 46개 지점을 비롯해 미국과 싱가포르, 베트남까지 확장 중인 기업이다. 임 대표는 "인생에서 가장 행복한 사람은 도전하는 사람이다."고 했다. 회사의 구호도 "열정적으로 하면 안 되는 것이 없다."이다. 그는 "도전하지 않고 무기력하게 산다면 먼 훗날 죽음 바로 앞에서 정말 후회할 것 같아서 되든 안 되든 기회가 올 때 도전한다."고 했다. "그 자체가 행복이다."는 것이다.

지금도 그의 도전은 계속되는데, 2019년에는 서울 대학로에서 '광대의 꿈'이란 제목의 1인극을 공연했고, 최근에는 경기도 양평에 힐링 센터를 건축 중이다. 그는 "기업가들을 보니 일반인들과 달리 마음속에 두 개의 발전기가 있는 것 같다. 일반인들은 발전기 하나가 멈추면 낙심하고 포기하는 경우가 많은데 성공한 경영자들을 보면 한쪽에 발전기가 멈추면 다른 한쪽의 발전기로 발전시킨다."는 말을 했다. 중요한 이야기다.

어디서 이런 정신이 나왔을까? 그 어머니의 새벽 기도가 비결이었다. 그도 새벽 무릎의 비밀을 알고 있었다. 〈죽 이야기〉도 그렇게 시작된 기업이었다. 오픈 예배 당일에도 그는 은혜 채플에서 무릎을 꿇고 눈물을 흘리며 기도했다. 서로의 만남에 대해서 감격했다. 그리고 마음껏 서로를 축복했다. 여러 교회들이 도전 의사를 밝혔지만 실행에 옮긴 경우는 없다고 했다.

묻고 싶다. 왜 험한 길일까? 왜 삼림이 포함되고, 개척해야 하는 땅일까? 왜 철병거와 맞서게 하실까? 이 원리가 예수님이 어린 양을 이리 떼에 보내는 것에도 포함되어 있다. 이유는 하나다. 하나님의 사람이기 때문이다. 다시 말해 어디를 가든지, 무엇을 하든지 전능하신 하나님이 함께하실 것이기 때문에 삼림이든 평지든 감사함으로 받으라는 것이다. 그렇지 않은가? 평지라도 하나님이 함께 하지 않으시면 두렵고, 괴로운 땅이 되는 것이고, 험한 산지라도 바다 깊은 곳이라도 하나님이 함께 하시면 천국이 되는 것이다. 그러므로 철 병거 앞에 주눅이 들어 주저앉으면 안 된다. 불평하지 말고 도전하고 싸워야 한다.

승리하는 성도의 강력한 무기

그런데 그냥 싸울 수 없다. 우리만의 무기가 필요하다. 요한계시록을 묵상하면서 신자의 강력한 무기를 발견하게 되었다.

< 이기는 무기 1 > '오직 예수' 신앙이다.

요한계시록에서 정말 많이 나오는 말은 '어린 양의 피', '구원하심'이다. 예수님만이 나의 구원자이심을 고백하는 신앙과 구원의 확신으로 이기는 것이다. 마귀는 항상 우리의 신분을 흔들고 구원의 확신을 공격한다. 그래서 우리 선조들은 '십자가 단단히 붙잡고 날마다 이기며 나간다.'고 했다.

"큰 소리로 외쳐 이르되 구원하심이 보좌에 앉으신 우리 하나님과

어린 양에게 있도다 하니"(계 7:10)

"또 우리 형제들이 어린 양의 피와 자기들이 증언하는 말씀으로써 그를 이겼으니 그들은 죽기까지 자기들의 생명을 아끼지 아니하였도다."(계 12:11)

이스라엘 백성이 무너진 때는 항상 출애굽 정신을 잊을 때였다. 그래서 하나님은 그들에게 평생 유월절을 지키라고 하셨다. 우리 신앙생활도 마찬가지다. 뜨거움을 유지하는 출발점은 구원의 감격이다. 부디 '오직 예수 신앙'으로 무장하여 원수의 불화살을 이기자.

< 이기는 무기 2 > '오직 예배' 신앙이다.

요한계시록에 또 많이 나오는 단어는 경배이다. 어린 양께 경배, 짐승께 경배, 엎드려 경배, 종려가지 들고 경배, 면류관 드리며 경배, 흰 옷 입고 경배. 결국 경배 싸움이다. 그래서 두 증인에게 명령한다.

"또 내게 지팡이 같은 갈대를 주며 말하기를 일어나서 하나님의 성전과 제단과 그 안에서 경배하는 자들을 측량하되"(계 11:1)

이 시대 예배 싸움이 벌어진 것은 우연한 일이 아니다. 어떻게 예배 드려야 하는지 몰라서이다. 장담컨대 예배하는 사람, 제대로 예배하는 사람이 이긴다. 결국 예배가 살아있는 교회가 부흥한다. 예배의 타협은 곧 멸망의 지름길이다.

< 이기는 무기 3 > '오직 감사' 신앙이다.

요한계시록에서 또 강조되는 단어가 '감사'와 '기쁨'이다.

"16 하나님 앞에서 자기 보좌에 앉아 있던 이십사 장로가 엎드려 얼굴을 땅에 대고 하나님께 경배하여 17 이르되 감사하옵나니 옛적에도 계셨고 지금도 계신 주 하나님 곧 전능하신 이여 친히 큰 권능을 잡으시고 왕 노릇 하시도다."(계 11:16-17)

"그러므로 하늘과 그 가운데에 거하는 자들은 즐거워하라. 그러나 땅과 바다는 화 있을진저 이는 마귀가 자기의 때가 얼마 남지 않은 줄을 알므로 크게 분내어 너희에게 내려갔음이라 하더라."(계 12:12)

감사하면 이긴다. 웃으면, 즐거워하면 이긴다. 부디 지옥을 살지 말자. 예수님처럼 '옳소이다. 이렇게 된 것이 아버지의 뜻이니이다.' 하면서 달려가자.

< 이기는 무기 4 > '오직 성령'이다.

어떻게 교회가 황제를 이기고 제국을 이기는가? 결코 우리의 능

력 때문이 아니다. 우리 안에 계시는 보혜사 성령님의 역사이다. 우리와 함께하시는 성령님은 전능자시다. 전지하시고 무소 부재하신다. 그래서 예수님은 이 보혜사 성령으로 인하여 '나보다 더 큰 일도 할 것이다.'라고 말씀하셨다.

> "내가 진실로 진실로 너희에게 이르노니 나를 믿는 자는 내가 하는 일을 그도 할 것이요 또한 그보다 큰 일도 하리니 이는 내가 아버지께로 감이라."(계 14:12)

요한계시록에서는 성령님을 '일곱 영'으로 표현했다. 완전하신 성령, 충만하신 성령의 역사를 말한다. 마귀가 일곱 머리 열 뿔 권세로 무장하여 교회를 공격하니 하나님께서는 일곱 영 성령의 역사로 이기게 하신다는 의미다.

> "보좌로부터 번개와 음성과 우렛소리가 나고 보좌 앞에 켠 등불 일곱이 있으니 이는 하나님의 일곱 영이라."(계 4:5)

뿐만 아니라 일곱 교회를 향하여 '이기라' 하시면서 반복하시는 말씀이 '성령이 교회들에게 하시는 말씀을 들을지어다.'이다. 성령 충만이 곧 승리의 비밀이다.

교회는 이겼고, 이기고 있고, 이길 것이다

< 이기는 무기 5 > '오직 천국' 신앙이다.
'아멘 주 예수여 오시옵소서.'

역사적으로 이루어질 하나님 나라를 소망 삼는 것이다. 그래서 요한계시록에서 반복적으로 나오는 말씀은 '속히 오리라', '반드시 오리라'이다.

> "내가 속히 오리니 네가 가진 것을 굳게 잡아 아무도 네 면류관을 빼앗지 못하게 하라."(계 3:11)

> "보라 내가 속히 오리니 이 두루마리의 예언의 말씀을 지키는 자는 복이 있으리라 하더라."(계 22:7)

> "보라 내가 속히 오리니 내가 줄 상이 내게 있어 각 사람에게 그가 행한 대로 갚아 주리라."(계 22:12)

> "이것들을 증언하신 이가 이르시되 내가 진실로 속히 오리라 하시거늘 아멘 주 예수여 오시옵소서."(계 22:20)

최후 승리의 날, 어린 양의 군대가 심판하는 그 날, 무덤을 열고 공중에서 주를 맞을 그 날을 기다리는 신앙이 있어야 이길 수 있다. 결론을 아는 사람은 현실 앞에 우왕좌왕하지 않는다. 우리 교회가 요동치지 않는 것은 약속을 믿기 때문이다. 부디 타협하지 말자. 악인들의 협박, 비웃음 앞에 두려워하지 말자. 끝내 성벽은 재건되었고, 무덤을 열고 군대로 섰듯이 하나님의 교회와 신자의 최후도 그러할 것이다. 교회는 이겼고, 이기고 있고 또 이길 것이다. 교회는 넉넉히 이기는 영원한 승리다.

교회여 일어나라
주께서 부르시니
두려움과 실패 내려놓고
교회여 일어나라

교회여 일어나라
주께서 보내시니
우릴 부르신 삶의 자리에서
교회여 일어나라

우린 세상의 빛
하나님의 편지
주의 교회를 통해
세상이 주를 보리라

일어나라 아버지 사랑으로
아버지 능력으로
서로 하나 되어 그 빛을 비추라

노래하라 아버지의 사랑을

아버지의 크심을

이 삶의 노래로 주님을 나타내라

일어나라

〈교회여 일어나라〉 가사

12

교회는 믿음이다

"1 그때에 제자가 더 많아졌는데 헬라파 유대인들이 자기의 과부들이 매일의 구제에 빠지므로 히브리파 사람을 원망하니 2 열두 사도가 모든 제자를 불러 이르되 우리가 하나님의 말씀을 제쳐 놓고 접대를 일삼는 것이 마땅하지 아니하니 3 형제들아 너희 가운데서 성령과 지혜가 충만하여 칭찬 받는 사람 일곱을 택하라. 우리가 이 일을 그들에게 맡기고 4 우리는 오로지 기도하는 일과 말씀 사역에 힘쓰리라 하니 5 온 무리가 이 말을 기뻐하여 믿음과 성령이 충만한 사람 스데반과 또 빌립과 브로고로와 니가노르와 디몬과 바메나와 유대교에 입교했던 안디옥 사람 니골라를 택하여 6 사도들 앞에 세우니 사도들이 기도하고 그들에게 안수하니라."(행 6:1-6)

하나님이 사람을 쓰시는 기준은 오직 하나, '믿음'이다. 결국 우리 삶의 수준이 '믿음 수준'이고 우리 사역의 수준도 '믿음 수준'이다. 그래서 교회는 믿음에 대해서 가르쳐야 하고 믿음을 키워야 한다. 주님이 오늘도 애타게 찾으시는 사람은 '믿음의 사람'이다. 예수님은 제자들을 책망하실 때도 믿음의 수준을 말씀하셨다. 그렇다면 무엇이 믿음인가? 의심하지 않는 것이다. 무엇을 의심하지 않는다는 것인가?

믿음이 작은 자여 왜 의심하였느냐

예수님은 '믿음'에 관하여 이렇게 말씀하신다.

> "예수께서 즉시 손을 내밀어 그를 붙잡으시며 이르시되 믿음이 작은 자여 왜 의심하였느냐 하시고"(마 14:31)

> "예수께서 이르시되 어찌하여 무서워하느냐 믿음이 작은 자들아 하시고 곧 일어나사 바람과 바다를 꾸짖으시니 아주 잔잔하게 되거늘"(마 8:26)

> "예수께서 이르시되 어찌하여 두려워하며 어찌하여 마음에 의심이 일어나느냐"(눅 24:38)

예수님은 '믿음'을 말씀하실 때 '의심'이라는 말을 사용하신다. 즉, 의심하면 믿음이 적은 것이고 믿음이 없는 것이다. 이처럼 의심은 우리의 믿음을 가로막고 방해한다. 그런데 우리의 믿음을 더욱 견고히 하기 위해 우리가 절대로 의심해서는 안 되는 사실이 있다.

<의심하지 말 것 1> 우리의 신분을 의심하지 말자

우리는 어떤 상황에도 신분에 대해서 의심하면 안 된다. 예수님을 믿는 순간 그의 공로로 의인이 된 것, 여기에 대해서 의심을 가지면 안 된다. 또한 우리는 그분의 자녀. 그 사랑을 누구도 끊을 수 없다.

> "영접하는 자 곧 그 이름을 믿는 자들에게는 하나님의 자녀가 되는 권세를 주셨으니"(요 1:12)

> "우리가 아직 죄인 되었을 때에 그리스도께서 우리를 위하여 죽으심으로 하나님께서 우리에 대한 자기의 사랑을 확증하셨느니라."(롬 5:8)

> "33 누가 능히 하나님께서 택하신 자들을 고발하리요 의롭다 하신 이는 하나님이시니 34 누가 정죄하리요 죽으실 뿐 아니라 다시 살아나신 이는 그리스도 예수시니 그는 하나님 우편에 계신 자요 우리를 위하여 간구하시는 자시니라."(롬 8:33-34)

지금도 많은 그리스도인들이 죄를 지으면 다시 죄인이 된다고 생각한다. 그렇지 않다. 의인이지만 죄를 짓는다. 그래서 필요한 것이 '죄 사함의 비밀'과 '회개의 비밀'이다. 구원파의 박옥수가 전세 낸 주제가 아니라 성경이 말하는 중요한 주제이다. 아울러 넓은 아버지 품의 교회론이다. 무너질 때마다 '우리 주의 넓은 가슴은 하늘보다 넓고 넓어' 노래하며 돌아오면 된다. 결코 낙망하지 말라.

코로나 사태로 드러난 믿음의 실상

< 의심하지 말 것 2 > 최후 승리를 의심하지 말자

> "또 내가 네게 이르노니 너는 베드로라. 내가 이 반석 위에 내 교회를 세우리니 음부의 권세가 이기지 못하리라."(마 16:18)

> "8 우리가 사방으로 우겨쌈을 당하여도 싸이지 아니하며 답답한 일을 당하여도 낙심하지 아니하며 9 박해를 받아도 버린 바 되지 아니하며 거꾸러뜨림을 당하여도 망하지 아니하고 10 우리가 항상 예수의 죽음을 몸에 짊어짐은 예수의 생명이 또한 우리 몸에 나타나게 하려 함이라."(고후 4:8-10)

그런데 오늘날 교회들이 믿음이 없다. 나부터 믿음이 없다. 위기를 만날 때 반복적으로 회개하는 것이 '믿음 없음'이다. 우리 하나님은 단 한 번도 우리를 실망시키신 적이 없으시고 졸지도 주무시지도 않는데 우리는 스스로 온갖 소설을 쓰고 절망감, 패배감에 붙들려 살아간다. 코로나 위기 앞에 한국 교회의 현 주소가 그대로 드러났다. 정부가 막지도 않았는데 스스로 예배당 문을 닫아 버리고 숨어버렸다. 가슴으로 회개해야 한다. 또한 숨은 자들이 생명 걸고 예배하는 자들을 비방한 것을 회개해야 한다. 코로나보다 크신 하나님 앞에 우리는 온전히 예배했어야 옳다. 사람의 눈치보다

하나님의 눈치를 더 살피는 교회가 되었어야 한다.

여하튼 나는 교회가 믿음으로 우뚝 서기를 원한다. 믿음 있는 자들이 주도해야 한다. 또한 위대한 믿음이 지속적으로 계승되어야 한다.

믿음 있는 교회의 특징은 크게 세 가지다.

< 특징 1 > 단순하게 믿는다.

예수님 당시 유대 사회는 로마의 식민 통치를 받는 상황이었다. 그래서 예수님이 오병이어의 기적을 보이시자 무리는 예수님을 왕으로 삼고자 했다. 하지만 예수님은 이들의 의도를 간파하시고 무리를 피하여 산으로 가셨다.

> "그러므로 예수께서 그들이 와서 자기를 억지로 붙들어 임금으로 삼으려는 줄 아시고 다시 혼자 산으로 떠나 가시니라."(요 6:15)

예수님은 무리를 향하여 '썩을 양식이 아니라 영생의 양식을 위해서 일하라.'고 하셨다.

> "썩을 양식을 위하여 일하지 말고 영생하도록 있는 양식을 위하여 하라."(요 6:27)

무리들은 '영생의 양식이 무엇인가?', '하나님의 일을 행하는 것이 무엇인가?' 수군댔다. 이에 예수님은 "하나님의 일은 하나님께서 보내신 이를 믿는 것이다."고 말씀하셨다.

> "예수께서 대답하여 이르시되 하나님께서 보내신 이를 믿는 것이 하나님의 일이니라 하시니"(요 6:29)

인간에게 가장 큰일, 가장 우선되어야 하는 일은 바로 예수님을 믿는 것이다. 매순간, 모든 상황에서 그 일이 이루어져야 한다. 하지만 여전히 세상 사람들에게 급한 일, 중요한 일, 큰일은 재물을 취하는 일, 명예를 얻고 쾌락을 즐기는 일이다. 결코 영생하는 양식이 아닌데도 이것들을 전부인 줄 알고 쫓아간다. 교회적으로도 마찬가지다. 다시 살리실 하나님을 믿고 이삭을 바치고 골리앗을 향해 돌진하는 믿음을 가르치지 않는다. 그래서 위기의 때마다 교회는 짓밟히는 아픔을 반복적으로 경험한다. 여러분은 예수님을 믿는가? 어떻게 믿는가? 어디까지 믿는가? 매 순간, 모든 상황에서 믿어야 한다. 감동적인 믿음의 이야기를 소개한다.

삼촌을 살려낸 아이의 믿음

20세기 초 미국 서부의 작은 도시에서 일어난 일이다. 어느 날 10살 정도의 남자아이가 1달러를 손에 꼭 쥐고 거리에 있는 상점마다 들어가 물었다. "안녕하세요? 혹시 하나님을 파시나요?" 이 황당한 질문에 가게 주인들은 안 판다고 말하거나 혹은 아이가 장사를 방해한다고 생각해 매몰차게 내쫓는 일도 있었다. 해가 점점 지고 있었지만 아이는 끝까지 포기하지 않고 69번째 가게에 들어갔다. "안녕하세요? 혹시 하나님을 파시나요?" 가게 주인은 60이 넘은 머리가 하얀 노인이었다. 그는 미소를 지으며 "애야, 하나님은 사서 무엇을 하려고 그러니?" 말했다. 자신에게 제대로 말을 걸어주는 사람을 처음 본 아이는 감격하여 눈물을 흘렸고, 자신의 사연을 노인에게 털어 놓았다.

아이의 부모는 오래 전 세상을 떠났고 지금 자신을 삼촌이 돌봐주고 있는데, 얼마 전 삼촌마저 건축 현장에서 떨어지는 사고를 당해 현재 혼수상태에 빠졌다는 것이다. 아이는 의사에게 삼촌을 꼭 좀 살려달라고 빌었는데 그때 삼촌을 치료하던 의사가 아이에게 이렇게 말했다는 것이다. "애야, 삼촌을 구할 수 있는 것은 하나님밖에 없단다!" 이 말의 의미를 제대로 이해하지 못한 순진한 아이는 의사에게 "제가 하나님을 사와서 삼촌에게 먹일게요. 그러면 꼭 나을 거예요!"라고 말했다.

아이의 말을 들은 노인은 눈시울이 붉어졌다. 노인은 아이에게 물었다. "돈은 얼마나 갖고 있니?" "1달러요." "마침 잘 됐구나. 하나님은 딱 1달러거든." 노인은 아이의 돈을 받고 선반에 있던 '하나님의 키스'라는 음료수를 건네주었다. "여기 있단다 애야, 이 '하나님'을 마시면 삼촌이 금방 나을 거야!" 아이는 기뻐하며 음료수를 품에 안고 쏜살같이 병원으로 뛰어갔다. 병실에 들어가자마자 아이는 자랑스럽게 소리쳤다. "삼촌! 제가 하나님을 사왔어요! 이제 곧 나으실 거예요!"

다음날 세계 최고의 의료 전문가들이 전용기를 타고 이 작은 도시에 몰려왔다. 그리고 아이의 삼촌이 있는 병원으로 달려와 삼촌의 상태를 진찰하고 치료를 시작했다. 놀랍게도 아이의 삼촌의 병이 금방 낫게 되었다. 그런데 삼촌은 퇴원할 때 천문학적인 병원 고지서를 보고 깜짝 놀라 쓰러질 뻔했다. 하지만 병원 측은 어떤 억만장자 노인이 이미 비용을 전부 지불했다고 말했다. 삼촌을 진찰한 의료진도 이 노인이 고용한 사람들이었다. 삼촌은 나중에야 아이가 마지막으로 들른 가게의 주인이 억만장자 노인이었다는 사실을 알게 되었다.

돈이 많은 이 노인은 할 일이 없어 무료할 때 가끔씩 가게에서 도울 자를 찾았던 것이다. 감격한 삼촌은 아이와 함께 노인의 가게로 찾아갔다. 하지만 노인은 이미 여행을 떠난 상태였다. 가게 점원은 이들에게 이번 도움을 마음에 크게 담아두지 말라는 말과 함께 노인이 쓴 편지를 전했다. 그 편지에는 "젊은이, 내게 고마워할 필요 없네. 사실 모든 비용은 자네의 조카가 다 낸 것이니 말일세. 자네에게 이런 기특한 조카가 있다는 것이 얼마나 행운이라는 걸 말해주고 싶네. 자네를 위해서 1달러를 쥐고 온 거리를 누비며 하나님을 찾아 다녔으니 말이야…. 그리고 하나님께 감사하게. 자네를 살린 건 그분이니 말일세!"

이것이 믿음이다. 우리의 문제는 교회에서는 믿음인데 교회 밖에서는 이성이다. 평안 중에는 믿음인데 위기 중에는 세상이다. 이러든 저러든 하나님의 역사이고, 하나님의 섭리이다. 보이지 않는 하나님의 선한 손길을 인정하며 사는 것이 중요하다. 교회는 단무지 정신이 필요하다. '단순하게', '무식하게', '지대로' 믿어 버리는 것이다.

승리의 핵심은 흔들리지 않는 것

<특징 2> 흔들리지 않고 믿는다.

믿음은 사람들에 의해서, 분위기에 의해서 신앙의 패턴을 바꾸지 않는다. 누가 무슨 말을 해도 나의 길을 간다. 이 시대 살아남은 자들은 자신의 정체성을 분명히 한 자들이다. 하지만 어느 순간 교회가 이상해져 버렸다. 사람들의 눈치를 너무 많이 본다. 끝까지 우리의 길을 걸어가야 하는데 수시로 흔들린다. 다윗은 '내가 흔들리면 원수들이 즐거워한다.'고 했다. 그래서 '결코 흔들리지 않을 것이다.'고 외쳤다.

"4 두렵건대 나의 원수가 이르기를 내가 그를 이겼다 할까 하오며 내가 흔들릴 때에 나의 대적들이 기뻐할까 하나이다. 5 나는 오직 주의 사랑을 의지하였사오니 나의 마음은 주의 구원을 기뻐하리이다."(시 13:4-5)

"1 나의 영혼이 잠잠히 하나님만 바람이여 나의 구원이 그에게서 나오는도다. 2 오직 그만이 나의 반석이시요 나의 구원이시요 나의 요새이시니 내가 크게 흔들리지 아니하리로다."(시 62:1-2)

승리의 핵심은 흔들리지 않는 데 있다. 무사들의 눈빛은 흔들리지 않는다. 흔들리는 순간 칼이 들어온다. 우리는 경험했다. 코로나 사태가 뻥 터질 때 원수들이 달려들었다. 일부 목사들마저 "그럴 줄 알았다", "적당히 하라고 했잖아"라는 태도였다. 하지만 우리는 이겼다. 오늘도 이기고 있다. 어떻게 이겼는가? 어떻게 해서 이 행복한 일상을 찾았는가? 흔들리지 않았다. 물론 내면에 요동치는 근심의 물결은 있었겠지만 각자의 자리를 지켰다. 그때 내가 많이 불렀던 찬송이다.

"[1] 이 몸의 소망 무언가 우리 주 예수뿐일세 우리 주 예수밖에는 믿을 이 아주 없도다. [2] 무섭게 바람 부는 밤 물결이 높이 설렐 때 우리 주 크신 은혜에 소망의 닻을 주리라. [3] 세상에 믿던 모든 것 끊어질 그날 되어도 구주의 언약 믿사와 내 소망 더욱 크리라. [4] 바라던 천국 올라가 하나님 앞에 뵈올 때 구주의 의를 힘입어 어엿이 바로 서리라. [후렴] 주 나의 반석이시니 그 위에 내가 서리라. 그 위에 내가 서리라."

코로나 고난의 한복판에 선 교인들의 위로를 난 지금도 잊을 수 없다. 다른 사람은 다 제쳐두고 우리 교회에 등록한 지 얼마 되지 않은 한 성도의 고백이다.

"목사님! 며칠 째 못 주무셨죠? 그제 오후 6시 30분쯤 양성으로 통보받고 직원들 검사하는 일과 동선 체크 등을 진행하느라 정신이 없었습니다. 어제 아침에는 모든 직원들이 다 음성 판정을 받게 되어 얼마나 다행인지 모르겠습니다. 오늘은 감사의 고백을 하게 되네요. 딸 미경이도 첫날은 '왜 이런 일이!' 하면서 울었지만 여러 집사님들의 위로를 통해 다음날부터는 밝아졌고, 오히려 더욱 신실한 성도로 거듭나지 않을까 기대합니다. 지금 가장 힘드신 분이 교회를 책임져야 하는 위치에 계신 목사님이 아닌가 생각해 봅니다. (중략) 이런 일이 생긴 후 주변 분들이 제게 미안함을 표현했는데, 누구도 미안해하실 필요가 없다고 봅니다. 저희의 선택이었고, 그 당시 저희 가족을 이 교회가 받아 주신 것만으로도 감사할 뿐입니다. 딸 미경이가 이 시기에 이사 온 것도 확진자가 된 것도 하나님의 다른 뜻이 있을 거라 믿습니다. 오늘 아침 성경을 폈는데 '실족하지 말라'는 말씀이 나왔습니다. 저와 딸에게 주신 말씀 같았습니다. 이번 시련을 통해 저와 미경이는 더 단단해질 것이라 생각합니다. 지금 가장 힘드실 목사님! 힘내십시오."

단언컨대 흔들리지 않으면 이긴다. 이 문자를 남긴 성도도 처음에는 '거짓말을 해서라도 직장을 지켜야 하는 것 아닌가'라는 마음을 품으니 오히려 더 큰 두려움이 밀려왔다고 했다. 곧 정신을 차리고 '차라리 직장을 포기하자', '끝까지 믿음이다' 뜻을 정한 순간 평안을 경험했고, 오히려 직장 상사가 "누구나 겪을 수 있는 일이니 절망하지 말고 힘내라. 그리고 직장은 절대 그만 두면 안 된다."고 위로를 건네주었다고 한다.

믿음이 세상을 이긴다

코로나 이후 많은 회사나 기관에서 '교회가지 말라', '교회가면 해고 하겠다'는 협박이 이어지고 있다. 실제로 실직당하고 부당한 처우를 받은 성도들이 있다. 이 협박 앞에 신자의 영광을 지킨 자들이 있는 반면 처음부터 아예 숨어버린 자들도 있다. 차이는 무엇인가? 궁극적으로 부활 신앙과 연결된다.

"그러므로 내 사랑하는 형제들아 견실하며 흔들리지 말고 항상 주의 일에 더욱 힘쓰는 자들이 되라. 이는 너희 수고가 주 안에서 헛되지 않은 줄 앎이라."(고전 15:58)

여러분은 예수님의 부활을 믿는가? 그분과 함께 상속자가 되었음을 믿는가? 만약 그렇다면 그분과 함께 사망 권세를 이기고 영원히 다스릴 것을 믿는가? 사도 신경을 고백하면서 '(예수님의 부활로 말미암아) 몸이 다시 사는 것과 (예수님의 부활처럼) 영원히 사는 것을 믿습니다.'를 제대로 알고 고백하는가?

니체의 '신은 죽었다'는 말을 들어보았을 것이다. 이 말이 얼핏 보면 하나님의 존재 자체를 부정하는 말 같지만 그렇지 않다. 니체는 하나님을 인정했고, 그리스도를 가리켜 위대하다 말했다. 그가 부정한 것은 하나님을 믿는다 하면서 부패한 중세 기독교다. 한때 우리나라에서도 『공자가 죽어야 나라가 산다』는 책이 유행했다. 공자의 죽음을 주장한 것이 아니라 유교 자체가 안고 있는 권위주의 폐쇄성, 형식지상주의와 파벌주의 등을 비판하고 당시 지배층의 도덕적 위선과 무능을 지적하였다.

기독교가 궁극적으로 지탄을 받는 것은 우리가 구제 활동을 많이 하지 않아서가 아니다. 지금도 사회 구제 영역에서 기독교가 감당하는 영역은 단연코 최고다. 하지만 사람들은 그렇게 인식하지 않는다. 기독교가 지탄 받는 이유는 부활 신앙의 부재 때문이다. 보고도 흔들리는 연약한 기독교인을 보고 실망한 것이다. 결국 부활 신앙이 아니고는 세상 사람과 다르게 살아갈 수 없다. 언젠가 코로나 사태가 종식되면 그때 세상 사람들은 스스로 진짜와 가짜를 구별할 것이다. 부디 승리를 믿자. 그리고 이미 보았으니 흔들리지 말고 직장에서, 가정에서, 학교에서 당당히 잘 살자. 무슨 말을 해도 교회 생활 잘 하자. 몸이 다시 사는 것과 영원히 사는 것을 붙잡고 말이다.

< 특징 3 > 장애물 앞에서도 믿는다.

"게으른 자는 말하기를 사자가 밖에 있은즉 내가 나가면 거리에서 찢기겠다 하느니라."(잠 22:13)

예수님 당시 중풍병자를 들것에 들고 와서 지붕을 뚫어버린 네 친구가 좋은 모델이다. 예수님은 분명히 그들의 믿음을 보셨다고 하셨다.

> "침상에 누운 중풍병자를 사람들이 데리고 오거늘 예수께서 그들의 믿음을 보시고 중풍병자에게 이르시되 작은 자야 안심하라. 네 죄 사함을 받았느니라."(마 9:2)

문제는 이 시대 교회가 비난을 넘어서지 못하고 주저앉아 버린다는 것이다. 지붕을 뚫을 생각조차 하지 않는다. 믿음 충만한 사람을 선봉에 세우지 않았기 때문이다. 위기 시대에 교회가 다시 사는 길은 믿음을 앞세우는 것이다. 평안할 때는 사회 저명인사나 인기 연예인들을 세우는 것이 도움이 될지 모르지만 위기의 때에는 다르다.

지금도 많은 사람들이 교회도 돈 가지고 가면 뒤흔들 수 있다고 생각한다. 그래서 어떤 사람은 기업 논리로 교회를 평가한다. 그러나 하나님 나라 확장의 좋은 모델인 사도행전의 초대 교회는 달랐다. 믿음 충만한 사람들이 선봉에 서서 주도했다.

> "3 형제들아 너희 가운데서 성령과 지혜가 충만하여 칭찬 받는 사람 일곱을 택하라. 우리가 이 일을 그들에게 맡기고 4 우리는 오로지 기도하는 일과 말씀 사역에 힘쓰리라 하니"(행 6:3-4)

> "5 온 무리가 이 말을 기뻐하여 믿음과 성령이 충만한 사람 스데반과 또 빌립과 브로고로와 니가노르와 디몬과 바메나와 유대교에 입교했던 안디옥 사람 니골라를 택하여 6 사도들 앞에 세우니 사도들이 기도하고 그들에게 안수하니라."(행 6:5-6)

"바나바는 착한 사람이요 성령과 믿음이 충만한 사람이라. 이에 큰 무리가 주께 더하여지더라."(행 11:24)

믿음의 사람들

부족하지만 광주청사교회도 믿음의 사람들이 주도했기에, 고난 중에도 승리할 수 있었다. 어려움의 때에 믿음의 동역자들과 함께 주고받은 문자들인데 서로에게 힘을 주는 내용들이기에 소개한다.

"하나님의 계획과 뜻을 알게 되어 감격하고 감사할 날이 반드시 올 줄 믿습니다-!! 힘내세요!!"

"늘 현실과 장래의 일 앞에 작은 걸음을 걷는 소자들은 자주 넘어집니다. 그 때마다 말씀이 채찍이 되고 나침반이 되어 다시 일어나 가게 합니다. 반드시 잘되게 하실 것을 오늘도 우린 믿습니다. 힘내세요!"

"두 곡의 찬양이 생각났는데, 그 중 한 곡이 〈날이 저물어 갈 때〉입니다. 하나님의 계획과 뜻이 무엇인지 잘 알지 못해도 이루어 가실 일이 있으시리라 믿습니다."

"사랑합니다. 목사님께서 하신 말씀의 뜻 전부를 다 이해하진 못하겠지만 지금 서 계신 자리… 얼마나 많은 것들을 결정해야 하며 책임이 있는 자리인지는 알고 있습니다. 제가 배우자를 위해 기도하던 중 계속해서 주신 감동은 '네 시작은 미약하였으나 네 나중은 심히 창대하리라.'였습니다. 제게 약속의 말씀처럼 주셨습니다. 그 말씀과 약속을 믿고 저도 지금 이 자리에 있을 수 있는 것 같습니다. 신실하시고 전능하신 아버지께서 베푸신 약속의 언약임을 믿기에. 목사님께서도 받으신 약속 100배의 결실!!! 분명 믿어 의심치 않습니다!!! 설교 중 하루는 힘들고 울게 하시며 견디게 하신다고 하신 말씀 가슴 깊이 공감합니다. 지금 당장이면 너무 좋을 텐데…. 하나님 때를 견디며 끝까지 버티고 이겨내는 것이 지금 할 수 있는 전부 같습니다. 저희 가정과 사업장이 지금 당장 교회를 위해 목사님을 위해 할 수 있는 일들이 없어 가슴 아픕니다. 하지만 믿습니다. 저희 기업이 교회와 목사님들을 돕고 섬기는 기업이 되리라는 것을!!"

"하나님의 계획은 오묘해서 우리가 측량할 수 없으며 하나님의 약속은 변함이 없어 우리를 실망시키지 않으시니 기도하겠습니다. 힘내세요."

"연약한 자로… 마음만 있지 필요할 때 도움이 못 되어 죄송하고 마음이 아픕니다. 하지만 이제까지 광주청사교회를 섬기면서 확신할 수 있는 것은 교회와 목사님을 통해 일하시는 하나님을 보았기에 또 한번 하나님의 이끄심을 기대합니다. 기도하겠습니다. 주님 말씀 하시면 나아가고 멈추라 하시면 멈추시는 목사님이 멋지십니다. 하나님의 일하심을 기대하며 기도하겠습니다."

"하나님의 뜻대로 응답받고 가시는 길 함께 걸어가게 하시니 감사뿐입니다. 부흥을 위하여 목사님과 헌신자들의 형통을 위해 기도하고 감사하겠습니다. 지금까지 지내온 것 주님의 크신 은혜입니다."

"늘 언제나 그랬듯이 목사님께서 선포하시면 불가능을 가능케 하시는 기적의 하나님, 선한 능력으로 역사하시는 그분의 기적을 보았기에 오늘도 그분을 믿고 의지하며 기도합니다."

조지 뮬러가 말했다. "믿음은 가능성의 영역에서는 작동하지 않는다. 인간적으로 가능한 일에서는 하나님께 영광이 돌려지지 않는다. 믿음은 사람의 능력이 끝나는 곳에서 시작된다." 코로나 팬

데믹은 인간의 한계와 연약함을 그대로 보여주고 있다. 그래서 더욱 지금이 세상 사람들이 진지하게 하나님을 찾아야 할 때다. 바로 지금이 세상을 향해 우리의 믿음을 보여주어야 할 때다. 위기 시대에 교회가 다시 서는 길은 믿음을 앞세우는 것이다. 교회는 어떤 상황에서도 흔들리지 않는 믿음이다.

13

교회는 약속이다

"사도와 함께 모이사 그들에게 분부하여 이르시되 예루살렘을 떠나지 말고 내게서 들은 바 아버지께서 약속하신 것을 기다리라."
(행 1:4)

약속을 지키는 일은 중요하다. 사람은 때로 약속을 어기지만 하나님은 약속을 반드시 지키신다. 하나님의 약속은 단 하나도 실패하지 않고 모두 성취된다. "하나님은 사람이 아니시니 거짓말을 하지 않으시고 인생이 아니시니 후회가 없으시도다. 어찌 그 말씀하신 바를 행하지 않으시며 하신 말씀을 실행하지 않으시랴."(민 23:19) 특히 기독교 신앙에서 '약속'은 특별한 의미를 지닌다. 성경은 하나님이 우리 인간과 맺으신 언약(言約)의 책이다. 하나님은 그 언약을 믿는 자들에게 영생을 주신다.

아프리카에 심겨진 선교사의 사랑

오래 전 SNS를 통해 접한 글이다.

약 100년 전 스웨덴 스톡홀름에 있는 필라델피아 교회에서는 두 쌍의 부부를 아프리카 콩고의 선교사로 파송한 일이 있었다. '데이비드 플러드와 스베아 플러드', '조엘 에릭슨과 버서 에릭슨 부부'이다. 이들은 정글을 헤치고 들어가 원주민 마을에 선교 본부를 세웠다. 그러나 사역 첫 해 4명의 선교사는 단 1명의 회심자도 얻지 못했다. 원주민들이 자기 부족의 신들이 화를 낼까 두려워 복음을 거부했기 때문이다. 그럼에도 불구하고 스베아는 매일 그녀의 집 뒷문으로 신선한 달걀을 배달해주는 다섯 살짜리 원주민 꼬마에게 예수님의 사랑을 전했다. 스베아는 콩고에 도착하고 얼마 지나지 않아 임신했지만 임신 기간 내내 말라리아와 싸우며 병상에서 지냈다. 결국 1923년 4월 13일, 그녀는 '아이나'라고 이름 지은 예쁜 딸아이를 출산하고 17일 뒤에 세상을 떠나고 말았다.

그녀의 남편 데이비드는 마을 전경이 보이는 산중턱에 아내를 묻고 슬픔에 젖었다. 곧이어 그의 마음에 하나님에 대한 원망이 홍수처럼 밀어닥쳤다. 그는 갓난아기인 아이나를 에릭슨 부부에게 맡기고 스웨덴으로 돌아갔다. 자신에게 남은 것은 처절히 깨어진 꿈과 찢긴 가슴뿐이라는 생각으로 그는 여생을 술로 슬픔을 달래며 보낼 작정이었다. 오죽하면 자기 앞에서 하나님 이름도 꺼내지 말라고 주변 사람들에게 경고했겠는가.

에릭슨 부부는 아이나가 아장아장 걸을 때까지 그녀를 잘 키웠다. 그러나 이들이 어느 날 갑자기 사흘 간격으로 세상을 떠나고 말았다. 원주민들이 독살한 것이다. 그 후 아이나는 미국인 선교사 부부 아서 버그와 안나 버그에게 보내졌다. 그들은 입양한 딸의 이름을 아그네스라고 지었고 애칭으로 애기(Aggie)라고 불렀다. 그 후 얼마의 시간이 지났다. 버그 부부는 사우스 다코타의 어느 교회에서 목회하기 위해 애기를 데리고 미국으로 돌아갔다. 애기는 고등학교를 졸업한 후 미네소타주 미니애폴리스에 위치한 노스 센트럴 성경 대학에 들어갔고, 거기서 동기생인 듀이 허스트를 만나 결혼했다. 가정을 꾸린 두 사람은 목회자로 사역하면서 몇몇 교회들을 섬겼으며, 훗날 애기의 남편 듀이 허스트는 노스 센트럴 성경 대학의 학장이 되었다. 대학 측에서는 애기와 듀이 부부의 25주년 결혼기념일을 축하하며 그들에게 스웨덴 여행이라는 특별 선물을 주었다.

그런데 애기에게 이 여행의 유일한 목적은 50년 전 자기를 버린 친아버지를 찾는 일이었다. 그들은 닷새 동안 아무 단서도 없이 스톡홀름을 샅샅이 뒤졌다. 마침내 미국으로 돌아가기 전날 그들은 아버지의 소식을 듣게 되었고 금방이라도 쓰러질 것 같은 건물 3층으로 부친을 만나기 위해 향했다. 그곳에는 간 기능이 다 망가져 죽어가고 있는 애기의 친아버지 데이비드 플러드가 누워 있었다. "아버지, 제가 아이나예요!" 생전에 들어보리라고는 꿈에도 예상치 못했던 말을 데이비드가 들은 것이다. 그는 회한이 가득한 말 한마디를 했다. "너를 버리려고 했던 건 아니었단다!" 부녀는 서로를 부둥켜안았다. 그의 딸은 아버지와 화해했고 아버지는 하늘에 계신 자신의 아버지와 영원히 화해했다. 그 다음 날 스톡홀름을 떠나 시애틀에 도착한 그녀는 아버지가 세상을 떠났다는 소식을 들었다.

그로부터 5년 뒤 애기와 듀이 부부는 영국 런던에서 열린 세계 오순절 총회에 참석했다. 그곳 로열 프린스 앨버트 홀에는 세계 각국에서 온 1만 명의 대표들이 모였는데 특히 총회 첫날 밤 연사로 나선 사람들 중에 아프리카 콩고 공화국 오순절 교회의 감독 '루히기타 은다고'라는 사람이 있었다. 애기는 루히기타가 그녀의 부모가 반세기 전에 선교사로 사역했던 지역 출신이라는 것에 주목했다. 루히기타의 연설이 끝난 뒤 애기는 통역관을 통해서 그와 이야기를 나누었다. 자신이 태어난 마을을 아느냐는 그녀의 질문에 그는 자신이 그곳에서 성장했다고 대답했다. 그녀는 플러드라는 이름의 선교사 부부를 아느냐고 다시 질문했다. 그러자 그가 다음과 같이 대답했다.

"알다마다요. 제가 매일 아침 스베아 플러드 선교사님의 집 뒷문에 달걀 바구니를 배달했는걸요. 선교사님은 제게 예수님에 대해 말씀해주시곤 했죠. 스베아 선교사님이 아프리카 전역에서 저를 제외한 다른 개종자를 또 얻으셨는지 모르겠네요!"

애기는 자신이 바로 그 아이나라고 밝혔다. 그러자 루히기타가 흐느끼기 시작했다. 두 사람은 태어나자마자 생이별을 한 오누이처럼 부둥켜안고 한참을 울었다. 잠시 후 루히기타가 말했다. "몇

개월 전에 당신 어머니 묘소에 꽃을 바치고 왔습니다. 당신 어머니의 고결한 죽음이 우리 수많은 아프리카 사람들을 살렸습니다. 콩고 공화국의 수백 개 교회들과 수십만 신자들을 대신해서 감사드립니다."

우리가 선을 행하되 낙심하지 말지니

때때로 우리가 하나님께 올인하는 것이 부질없는 것처럼 느껴질 수 있다. 뼈 빠지게 땀 흘리고 목숨 걸고 수고했는데 아무런 열매가 없는 것으로 생각될 때가 바로 그런 때다. 사실 교회 안에서 이루어지는 수많은 일들이 이런 수준의 일이 아닌가? 그래서 우리는 선을 행하다가 낙심한다. 하나님 나라 건설을 포기해 버린다. 그러나 성경은 말한다.

> "우리가 선을 행하되 낙심하지 말지니 포기하지 아니하면 때가 이르매 거두리라."(갈 6:9)

목회가 힘들다면 힘든 일이다. 보이지 않는 일에 성도의 헌신을 요구하기 때문이다. 언제 거둘지 모르는 열매를 바라고 오늘도 밭으로 나가자고 소리치는 사람이 목사이다. 그런 관점에서 불법 다단계 업자가 거짓으로 투자금을 모으는 사기 행위와 별반 달라 보이지 않는다. 인간적인 눈으로 목사 자신을 바라볼 때 비참한 기분을 느낄 때가 종종 있다.

사도행전을 묵상할 때 정말 도전받는 구절이 있다.

"사도와 함께 모이사 그들에게 분부하여 이르시되 예루살렘을 떠나지 말고 내게서 들은 바 아버지께서 약속하신 것을 기다리라."
(행 1:4)

"12 제자들이 감람원이라 하는 산으로부터 예루살렘에 돌아오니 이 산은 예루살렘에서 가까워 안식일에 가기 알맞은 길이라. 13 들어가 그들이 유하는 다락방으로 올라가니 베드로, 요한, 야고보, 안드레와 빌립, 도마와 바돌로매, 마태와 및 알패오의 아들 야고보, 셀롯인 시몬, 야고보의 아들 유다가 다 거기 있어 14 여자들과 예수의 어머니 마리아와 예수의 아우들과 더불어 마음을 같이하여 오로지 기도에 힘쓰더라. 15 모인 무리의 수가 약 백이십 명이나 되더라…."(행 1:12-15)

모든 것을 믿고 따랐던 적당히, 멀찍이 떨어져서가 아니라 최측근에서 따랐던 예수님이 하늘로 가시고 말았다. '어떻게 이럴 수가?', '이제 나는 어떻게 살아가나?' 그런데 놀랍게 사도들과 그의 형제들 120명이 다시 모였다. 그들의 운명이 궁금하지 않은가? 성경은 그들이 경험한 하늘의 은혜에 대해서 증언한다. '다 성령의 충만함'을 받았다.

"1 오순절 날이 이미 이르매 그들이 다 같이 한 곳에 모였더니 2 홀연히 하늘로부터 급하고 강한 바람 같은 소리가 있어 그들이 앉은

온 집에 가득하며 3 마치 불의 혀처럼 갈라지는 것들이 그들에게 보여 각 사람 위에 하나씩 임하여 있더니 4 그들이 다 성령의 충만함을 받고 성령이 말하게 하심을 따라 다른 언어들로 말하기를 시작하니라."(행 2:1-4)

하나님이 주신 꿈인가, 나의 야망인가?

오늘날 교회의 문제는 모든 신앙의 결론이 현세적인 것에 맞추어져 버렸다는 것에 있다. 우리가 인생을 살아가면서 원망하고 불평하는 것은 돈이 없어서가 아니다. 대통령이 정치를 잘 못해서도 아니다. 생각하고 간직할 꿈이 없어서다. 꿈이 있는 사람은 현실의 고통을 반드시 이겨낸다. 결코 죽을 수 없다. 그 꿈을 아는 한, 그 꿈의 목적지를 아는 한 그렇게 떠날 수 없는 법이다. 성도가 교회를 떠나는 것도 그 곳에 말씀이 없어서, 사랑이 없어서가 아니다. 실상은 교회에서 주어진 하나님의 위대한 꿈을 보지 못했기 때문이다.

솔직히 목사로서 이만큼 살아보니까 누구를 만나도 부럽지 않고 무섭지도 않다. 예수님 없이 사는 자들의 실체를 너무도 잘 알기에 그렇다. 단적인 예로 고위 관료들이 룸살롱 술집에 가서 얼마나 짐승 같은 짓을 하는가? 외로워서 그러는 것이다. 결코 대단하지 않다. 열등감은 또 어떤가? 우리의 상상을 초월할 정도다. 그래서 두렵지 않다.

하지만 내 마음속에 정말 '두렵다' 싶은 사람이 있다. 미래를 말하는 사람이고, 꿈을 가진 사람이다. 물론 미래를 말하고 꿈을 말하는 사람 중에 사기꾼이 많다. 그래서 꿈이라고 다 좋아하고, 무조건 따라가면 안 된다. 꿈을 가장한 사기인지, 하나님이 주신 꿈인가를 확인할 필요가 있다.

여러 방법이 있겠지만 크게 두 가지 중요한 포인트가 있다.

<포인트 1> 간절한 기도 없이 만들어진 꿈, 기도 없이 선포된 꿈은 거짓이다.

꿈이라는 것은 꼭 하나님만 주시는 것은 아니다. 스스로 만들 수도 있다. 보통 야망이라고 한다. 내용적으로는 다르지만 야망도 미래를 이야기한다는 측면에서 꿈의 범주 안에 넣을 수 있다. 하지만 이 야망과 같은 꿈의 한계는 변수 앞에 풍랑을 만날 때 좌절하고 파선해 버린다. 또한 다른 사람도 죽이고 자신도 무너진다. 그래서 항상 사기꾼들이 마지막에 도피하지 않는가? 희대의 사기꾼 조희팔 같은 사람을 보면 알 수 있다.

그러나 하나님이 주신 꿈은 다르다. 반드시 목적지에 이르게 한다. 또한 많은 사람들에게 선한 영향력을 미친다. 그 분별의 핵심이 기도다. 하나님이 주신 꿈은 반드시 기도와 연결이 되어 있다. 그러니까 기도하는 사람 중에 미래를 이야기하고 꿈을 이야기하면 거기에는 집중할 필요가 있다. 본인 스스로도 기도하지 않았는데 생겨난 꿈은 독버섯과 같은 야망임을 기억해야 한다. 그 꿈 버리지 않으면 반드시 큰 아픔을 경험하게 된다.

꿈은 작은 씨앗과 같다

< 포인트 2 > 오늘의 삶에 열정이 있고 충실한가를 살펴야 한다.

사기꾼들의 특징은 꿈을 이야기하면서 오늘의 삶이 엉망일 때가 많다. 약속도 안 지키고, 거짓말을 밥 먹듯이 하면서 하루하루를 힘겹게 살아간다. 역시 사기꾼이다. 하나님은 오늘의 삶을 보시고 내일의 수준을 결정해 주신다.

여하튼 하나님은 오늘도 흑암 중에 있는 사람을 일으켜 세우실 때 꿈을 주신다. 꿈은 씨앗과 같다. 처음에는 눈에 보이지 않는데 품는 순간 위대한 변화들이 일어난다. 무엇보다 어려움 앞에 좌절하지 않는다. 어떤 상황에서도 가능성을 이야기하고 도전한다. 놀랍게 꿈은 가꿀수록 커진다. 꿈은 나이를 초월하고 육체의 한계를 넘어선다. 꿈을 선택하는 것은 미래를 선택하는 것이다. 우리 안에 과거를 돌이킬 수 있는 사람은 없다. 얼굴을 고치고 이름을 바꾼다고 그 사람의 과거가 정리되지 않는다.

안타깝게도 지금도 많은 사람들이 돌이킬 수 없는 과거에 매여 살아간다. 우리가 집중하고 관리해야 할 것은 미래다. 그래서 초라한 인생일수록, 어두운 밤일수록, 혼돈과 공허가 가득할수록, 꿈을 사모하고 꿈을 붙들어야 한다. 지금껏 꿈을 선포하고 꿈을 나누는 자리가 싸움판이 된 것을 본 적이 없다. 꿈을 선포하는 사람이 쉽게 무너지는 것도 잘 보지 못했다. 성령님은 예언하게 하시고 꿈꾸게 하신다. 꿈을 꾸고 그 꿈을 붙들고 사는 것이 그렇게 중요하다.

하나님은 내게도 꿈을 주셨다. 그 꿈은 다름 아닌 '사람이 교회다', '사람이 선교다'이다. 그 꿈이 나를 살게 했고 우리 교회를 교회되게 했다. 가정 세우고, 학교 세우고, 교회 세우고, 지역 세우는 것은 꿈이 아니라 '교회인 사람', '선교인 사람'을 세우는 통로일 뿐이다. 은혜 채플 건축도 꿈이 아니다. 꿈을 이루는 도구다. 묻고 싶다. 여러분의 꿈은 무엇인가? 1억 벌기? 공장 짓기? 축사 늘리기? 대학가기? 그것들은 결코 꿈이 아니다. 교사, 목사, 국회 의원, 선교사도 꿈이 아니다. 목사가 꿈이면 목사 안수식 날 죽어야 하지 않겠는가? 꿈을 이루지 않았는가? 그러니까 직업들도 꿈을 이루는 통로이지 그 자체가 꿈이 될 수 없다.

당신의 꿈을 응원합니다!

중요한 사실은 꿈을 선포할 때 항상 우리 곁에는 두 종류의 사람이 있다. 즉, 미워하고, 시기하는 사람과 그래도 가슴에 품고 기다려주는 사람이다. 그도 그럴 것이 하나님의 꿈은 항상 혼돈, 공허, 절망, 어둠 속에서 시작된다. 그래야 꿈을 붙들기 때문이다. 잘나가는 사람, 평안한 사람의 문제는 꿈이 없다는 것이다. 더 정확하게는 꿈 꿀 이유가 없다. 꿈을 이야기하는 사람들을 보면 정말 형편없는 수준일 때가 많다. 요셉도 마찬가지다. 천둥벌거숭이인데 절을 받는 자리에 선다고 하니 화가 나고 미워지는 것이다.

지금껏 이런 경험을 많이 했다. 우리 교회의 역사가 오직 꿈의 역사다. 꿈꾸는 사람들이 만나서 이룬 역사다. 지금껏 꿈 이야기를 했고 앞으로도 그 현실이 달라질 것 같지는 않다. 역시 두 종류의 사람들을 만나며 여기까지 왔다. 한 부류는 꿈꾸는 나와 광주청사교회를 향하여 '객기 부리는 놈', '정신 나간 놈', '본래 그런 놈', '그나저나 대단한 놈', '적당히 하시게' 하는 요셉의 형님 같은 사람들이다. 앞에서는 대놓고 말은 못하지만 뒤돌아서면 수군대는 자들이다.

그런데 다른 부류의 사람들이 있었다. 기다려 주고, 믿어 주는 자들이다. 심지어 그 꿈에 '동참하겠다' 하고 그 꿈에 '인생을 걸겠다' 한 사람도 있다. 고난의 때에 교회를 떠나지 않은 사람들이 그들이다. 앞이 캄캄할 때 미래가 불투명할 때 자신의 옥합을 내어준 사람들이다. 상상을 초월한 일들이 많다. 받을지 못 받을지도 모르는데, 뭉칫돈을 빌려주고 때로는 과부의 두 렙돈을 내어준 적도 있다. 잊을 수 없는 자들이다. 꿈의 목적지에 이르렀을 때 소리쳐 부를 이름들이고, 천국에 갈 때 가슴에 새겨갈 이름들이다.

갈수록 꿈의 사람을 만나고 싶다. 꿈을 믿어 주는 사람이 좋다. 부디 우리 교회는 누군가 꿈을 선포할 때 시기하고 화내지 않았으면 좋겠다. 아무쪼록 마음에 품고 기억해 주는 그런 사람들이 되자. 그 꿈을 이루도록 디딤돌이 되고, 거름이 되어 주자. 때론 기꺼

제3부 승리하는 교회

이 꿈 찾아 떠나는 나그네의 친구가 되어 주자. 우리 교회에 그런 금융인, 정치인, 법조인들이 더 많이 세워지길 원한다.

앞으로 우리 교회는 이런 홍보를 하고 싶다.
"당신의 꿈을 응원합니다! 당신의 꿈에 투자하고 싶습니다!"

하나님이 주신 꿈은 무너지지 않는다. 하나님이 주신 약속은 반드시 이루어진다. "여호와께서 이스라엘 족속에게 말씀하신 선한 말씀이 하나도 남음이 없이 다 응하였더라."(수 21:45) 그 신실하신 하나님이 지금 이 순간도 우리를 지키시고 보호하신다. 우리를 선한 길로 인도하시고 구원의 길로 이끄신다. 하나님의 신실하심과 같이 우리도 신실한 자들이 되자. 교회는 이 세상 그 무엇으로도 끊을 수 없는 영원한 '약속'이다.

14

교회는 포도원이다

"우리를 위하여 여우 곧 포도원을 허는 작은 여우를 잡으라. 우리의 포도원에 꽃이 피었음이라."(아 2:15)

아가서는 단순히 남녀의 사랑을 노래하는 것이 아니다. 왕이신 예수님이 그의 신부된 교회를 사랑하심을 상징하여 교훈하는 것이다. 교회는 하나님의 포도원이다. 포도원 주인이신 하나님은 친히 그곳에 임하셔서 성도들을 사랑으로 돌보시고 풍성한 은혜를 주신다. 하나님의 포도원에는 사랑과 행복이 있고 풍성한 기쁨의 열매가 있다.

아가서가 노래하는 포도원

성경에 포도원에 관한 이야기가 많이 나온다. 그래서인지 '포도원교회'란 이름도 의외로 많다. '광주청사'와 달리 '포도원'이라는 이름은 전국에 있다. 예수님도 친히 자신을 포도나무라 했고 하나님을 포도원 주인으로 말씀하셨다.

"1 나는 참포도나무요 내 아버지는 농부라. 2 무릇 내게 붙어 있어 열매를 맺지 아니하는 가지는 아버지께서 그것을 제거해 버리시고 무릇 열매를 맺는 가지는 더 열매를 맺게 하려 하여 그것을 깨끗하게 하시느니라."(요 15:1-2)

그러나 내가 정말 좋아하는 포도원 이야기는 아가서에 등장한다. 아가서에 등장하는 포도원은 솔로몬과 술람미의 사랑이 깊어지는 사랑과 행복의 동산이다. 그런데 놀랍게 이 포도원에 작은 여우가 찾아온다.

"우리를 위하여 여우 곧 포도원을 허는 작은 여우를 잡으라.…." (아 2:15)

그 타이밍이 또한 절묘하다. 꽃이 피고 포도 열매가 향기를 토할 때이다.

"무화과나무에는 푸른 열매가 익었고 포도나무는 꽃을 피워 향기를 토하는구나. 나의 사랑, 나의 어여쁜 자야 일어나서 함께 가자." (아 2:13)

"…우리의 포도원에 꽃이 피었음이라."(아 2:15)

결정적인 시점에 찾아온 여우는 포도 농사를 한 순간에 망쳐 버린다. 우리가 처음 교회에 등록하고 신앙생활을 시작하면 그야말로 포도원에 꽃이 핀다. '이런 교회, 이런 목사가 없다', '이런 말씀을 어디서 들을 수 있겠는가?' 차원이 다른 고백들이 넘친다. 문제는 이런 마음이 어느 순간 사그라진다는 것이다. 물론 부부 관계도 마찬가지다. 처음 사랑이 시작될 때 좋아서 죽고 못 살았다. 어떤 경우는 부모도 버리고 형제도 버리고 바위 틈 낭떠러지로 갔다. 어느 순간 포도원이 무너져 버린다. 포도원을 수시로 노리는 여우, 마귀 때문이다.

포도원을 허무는 작은 여우

솔로몬은 이런 인간의 마음 즉, 영원한 사랑을 논할 수 없는 상태를 꿰뚫고 있었다. 그래서 제안한 것이 '작은 여우를 잡자'는 것이다. 사랑을 세우기는 어려워도 허물기는 쉽다. 가정을 세우는 것이 얼마나 어려운가? 그런데 무너지는 것은 한순간이다. 부부 싸움 한 번이면 끝나버린다. 우리 자녀들은 어떤가? 유아 스쿨부터 어렵게 시작한 신앙 교육의 역사가 순식간에 무너진다. 부모가 시험 들고 교회 떠나버리면 끝이다.

정리하면 우리가 섬기는 교회, 가정, 학교, 사역회는 그냥 부흥하고 좋아지는 것이 아니라는 이야기다. 열매를 바라보며 끝내 참고 배우며 많은 것들을 이겨야 한다. 그런데 많은 그리스도인들이 수시로 '죽 쒀서 개주는 일'을 반복한다. 15일, 반나절이면 갈 거리를 출애굽한 백성들처럼 40년 걸려서 갈 때가 많다.

당시 솔로몬과 술람미는 신분의 차이가 있었다. 왕이고 서민이 아닌가? 교회 생활이 어렵다면 어려운 것은 세상에서 경험하지 못한 사랑을 노래하며 살기 때문이다. 하나님과의 사랑이 그렇고 달라도 너무 다른 공동체와의 관계가 그렇다. 좌우간 정신없이 이룰 수 없는 사랑이다. 그런데 교회 부적응자들에게는 이런 노력이 없다. 그냥 주변에서 모든 것을 다 해 주길 원한다. 평생 새 가족 대접 받기를 원한다. 잘못된 생각이다. 양육 후에는 적응 후에는 달라져야 한다. 우리가 채소 하나를 거두기 위해서도 얼마나 많은 땀을 흘리는가? 자녀 형통이 그냥 올까? 교회의 기둥이 그냥 되는가? 그렇지 않다.

솔로몬과 술람미의 사랑이 좋은 모델이다. 일단 솔로몬이 술람미를 위해 자신의 모든 것을 내려놓았다. 하늘 영광 버리고 이 땅에 오신 예수님의 모형이기도 하다. 술람미는 가만히 있었는가? 그렇지 않다. 일어나 함께 가자 할 때 고집 피우지 않았다. 최선을 다해 마음을 열고 바위 틈, 낭떠러지까지 나아갔다. 우리에게 필요한 자세다. 위대한 사랑의 열매를 맺고 싶거든 교회를 믿고 목사를 믿고 바위 틈 낭떠러지 끝으로 가야 한다. '일어나 함께 가자' 할 때 '아멘!' 하고 일어서야 한다.

예수님도 열매에 관하여 말씀하셨다. '많은 열매를 맺으면 아버지께서 영광을 받으신다.'고 했다.

"너희가 열매를 많이 맺으면 내 아버지께서 영광을 받으실 것이요 너희는 내 제자가 되리라."(요 15:8)

그들의 열매로 그들을 알리라

내가 목회를 열심히 하는 이유를 굳이 말하라면 크게 두 가지다.

< 이유 1 > 무리 수준의 성도를 제자로 만들기 위함이다.

코로나 이후에 한국 교회는 무리와 제자 수준으로 정확하게 갈라졌다. 제자는 하루아침에 만들어지지 않는다. 그래서 예수님 당시 많은 무리들이 제자도의 말씀을 듣고 '이 말이 어렵도다.' 하면서 떠난 것이다. 하지만 제자들은 남았다.

혹자가 나에게 '주일 학생이 몇 명입니까?'라고 묻는다. 그때마다 '주일 학생이 몇 명 모이느냐 물어보지 말고 새벽 예배까지 드리는 주일 학생이 몇 명이냐 물어 달라.'고 답한다. 군중 수준의 주일 학교는 초등 5학년 때부터 무너져 버린다. 그러나 제자 수준의 주일 학교는 장년 때까지 계속 이어진다.

< 이유 2 > 많은 열매를 맺기 위함이다.

다시 말해 간증이 넘치는 교회로 우뚝 서고 싶다. 특별히 5대 신앙에 따른 간증을 많이 만들고 싶다. 주일 성수 신앙 간증, 새벽 기

도 신앙 간증, 십일조 헌금 신앙 간증, 교회 사랑 신앙 간증, 목사 존중 신앙 간증이다. 결국 열매의 수준이 나무의 수준이다.

"이러므로 그들의 열매로 그들을 알리라."(마 7:20)

안타깝게도 많은 교회 직분자들에게 열매가 없다. 자녀의 열매도 없고, 삶의 열매가 없다. 그래서 어느 순간 혼자 신앙의 명맥만 유지하고 있다. 영국 교회, 미국 교회처럼 되는 것이다. 교회는 포도원이다. 열매가 좋아야 한다. 목회도 마찬가지다. 그런데 예수님께서 친히 열매 맺는 법을 말씀해 주셨다.

< 열매 맺는 법 1 > 예수님 안에 거해야 한다.

"너희가 내 안에 거하고 내 말이 너희 안에 거하면 무엇이든지 원하는 대로 구하라. 그리하면 이루리라."(요 15:7)

여기서 '예수님 안에 거한다'는 것을 오늘날 개념으로 다시 정리하면 '교회 안에 거하는 것'이다. '목사의 목회 중심에 거하는 것'이다. 이 말을 '애매하다' 생각할 수 있다. 겉으로 보기에는 다 교회 안에 머물러 있기 때문이다. 그런데 신자들 중 열매가 없는 자들이 의외로 많다. 이 사람들이 바로 '안에 거하지 않았던 자'들이고, '붙어 있지 않았던 자'들이다. 무슨 일을 하든지, 무슨 결정을 하든지 그 결정 안에 교회가 있고, 목사가 있으면 그 사람은 안에 거하는 자다. 하지만 평상시에는 교회이고 목사인데 결정적인 순간에 교회가 없고 목사가 없으면 그 사람은 안에 거하는 사람이 아니다. 뜰에 머무른 사람이다. 분명히 열매가 없다.

하나님의 말씀 안에 거하자

그렇다면 왜 많은 신자들이 안으로 들어오지 않을까? 크게 두 가지 이유다. 하나는 마귀 방해 때문이고, 또 다른 이유는 자신의 교만함 때문이다. 같은 마음, 같은 뜻, 같은 말의 주인공이 되려면 자신을 비워야 한다. 우리 교회만 해도 변화된 간증이 많다. 특히 가정교회 양육사들에게 맡겨진 영혼을 섬기고 가르치는 탁월한 영적 능력들이 있다. 그런데 안으로 들어오지 않은 사람에 대해서는 어떤 영향력도 미치지 못한다.

여러분은 어떤 신앙의 열매가 있는가? 자녀 농사는 잘 되었는가? 안에 거하는 것과 분명히 연결되어 있다. 부디 안에 거하는 자가 되라. 뜰만 밟는 수준에서 벗어나라. 목사와의 관계도 마찬가지다. 껍데기만 아는 수준을 지나 목회의 중심에 서라. 그래야 열매가 있다.

< 열매 맺는 법 2 > 말씀 안에 거해야 한다.

> "너희가 내 안에 거하고 내 말이 너희 안에 거하면 무엇이든지 원하는 대로 구하라. 그리하면 이루리라."(요 15:7)

예수님 당시 예수님의 사랑 받는 제자가 되는 길이 무엇인가? 예수님이 말씀하신 계명을 지키며, 그 가르침을 가슴에 품는 것이다. 그 일을 반복하면 스승의 마음을 품게 된다. 그때 제자가 아닌 친구가 된다.

"너희는 내가 명하는 대로 행하면 곧 나의 친구라."(요 15:14)

하나님은 교회에 부흥을 주시기 전에 말씀을 주신다. 우리가 교회 안에 거하는 이유는, 목사의 목회 중심에 들어가는 이유는 말씀을 받아 그 길을 가기 위해서이다. 그러니까 교회의 열매 수준은 결국 말씀 수준이다. 말씀은 씨앗이다. 뿌린 대로 결실하는 것이다. 목사가 어떤 설교를 많이 하느냐에 따라서 교회의 미래가 달라진다. 목사나 성도 모두에게 중요한 것은 말씀이다. 이 시대 많은 그리스도인들이 제자가 되지 못하고, 열매가 없는 이유는 '내 말이 너희 안에' 거하는 수준의 신앙생활을 하지 않기 때문이다.

아름다운 열매 맺는 성도들

우리 교회에 이행우 안수 집사는 기업(복음농장)의 대표인데 지난날 농촌 지역에서 청소년 사역에 청춘을 바친 사람이다. 온 가족이 그 일에 훈련되었고, 헌신했다. 그런데 정작 자신들에게 남겨진 것은 인간적인 배신감과 상처뿐이었다고 고백한다. 많은 청소년들을 전도하고, 양육했지만 실제로 교회와 말씀으로 연결이 안 되니 아름다운 열매로 결실하지 못했다는 것이다.

하지만 이제는 그 일을 너무 쉽게 한다. 그가 누구든지 일단 교회로 데려오고, 말씀을 품게 하면 위대한 변화가 시작되는 것을 경험했기 때문이다. 그래서 요즘 그의 고민은 '사람을 교회에 데려오는 데 필요한 것이 무엇인가?'이다. 또한 목사의 설교 즉, 말씀 사역이 무너지면 안 되겠다 싶으니 '내 모든 것을 걸어 목사 사역을 돕겠다.'며 헌신한다. 실제로 그는 목사의 설교를 거의 놓치지 않고 삶으로 행하여 많은 열매를 맺고 있다.

아름다운 열매와 연결된 또 한 사람을 소개하고 싶다. 우리 교회 부목사 김만욱의 형 김승욱 집사다. 김만욱 목사 집안은 모두 신앙생활을 하지 않는다. 신학교에서 스승과 제자로 만난 사랑하는 동역자다. 그는 우리 교회 부임 후 사역을 하는 동안 내내 자신의 둘째 형을 기도 제목으로 삼았다. 유일하게 자신의 집안에서 함께 신앙생활을 하는 피붙이였다. 물론 젊은 날 그들의 삶이 파란만장하다. 특별히 김승욱 집사는 가출은 일상이고 고집불통의 사람이었다. 식구들마저 고개를 절레절레 흔들 정도였다.

하지만 김 목사의 기도는 멈추지 않았다. '교회 안에 거하고, 말씀에 붙들리면 된다.'는 확신 때문이었다. 어느 날 경기도 안산에서 개인 사업을 하는 형을 설득했다. '광주로 와서 신앙생활 다시 하자', '형 광주 오면 산다' 수차례 설득 끝에 형의 마음이 동했고 이사를 결정했다. 결혼도 못한 노총각이었다. 온 가족의 반대가 심했다. 특히 그 집안의 막내인 김만욱 목사의 목회가 어려워질 것을 우려하는 상황이었다. 하지만 김 목사는 주저하지 않았다. 결국 이사 왔고 우리 교회 등록 교인이 되었다. 재미있는 사실은 부목사 동생의 인도를 받아 등록을 했으니 그가 처음 선 곳은 당연히 교회의 중심이었다.

스포츠 경기도 중심에서 보는 것과 끝에서 보는 것이 다를 수밖에 없듯이 교회를 바라보는 시각도 마찬가지다. 아무래도 김승욱 집사는 등록하면서부터 담임 목사와 가까운 위치에 서게 되었다. 좋은 마음으로 목사를 만났고 교회를 대한 것이다. 성전 뜰이 아닌 중심에 서서 말씀을 듣고 배우게 되었다. 성장 속도는 다를 수밖에 없다. 예배 자리에 따라서 설교에 집중도도 달라지지 않는가? 같은 위치다.

더욱 감사한 일은 많은 경우 가족 중 목회자가 있으면 형제의 신앙 지도를 그 목회자가 대신하는 경우가 많은데 김 목사는 그렇게 하지 않았다. 매몰차다 싶을 만큼 자신의 형을 담임 목사와 연결시켰다. 무슨 일을 하든지 목사와 의논했는지를 확인하고, 때론 '담임 목사를 제대로 섬기지 않았다.'며 책망할 정도였다. 이런 일이 반복되면서 우리 교회에서 김승욱이라는 사람은 더 이상 부목사의 형, 무리 수준의 신자가 아니라 제자로 자리를 잡았다. 같은 교회 안에서 형제가 함께 잘못되는 경우가 얼마나 많은가? 하지만은 이들은 달랐다.

지금 김승욱 집사는 우리 교회에서 가장 예쁜(?) 부인을 만났다. 청년 때부터 새벽 예배를 빠지지 않았던 우리 교회 이명선 집사와 가정을 이루었다. 아이도 생겼고, 우리 교회 남자라면 모두가 꿈꾸는 양육사가 되었으며, 요즘은 새벽 차량 운행 봉사를 한다. 빈손 들고 시작한 그의 사업장 역시 승승장구 중이다. 온 가족을 물질로 섬길 만한 위치에 섰다. 이것이 '교회 안에서', '말씀 안에서' 열매 맺는 원리다.

신앙 연조에 비해 열매 없는 성도들

종종 말씀이 좋아서 남편이나 가족을 데려온 자들이 있다. 그런데 나중에 같이 안 오거나 사라진 경우가 많다. 차이가 무엇인가? 인도한 사람이 '교회 안에', '목사의 목회와 말씀 안에' 거하지 않은 것이다. 인도자가 교회 중심에 서 있는 자여야 전도자도 중심으로 데려올 수 있다. 자녀의 열매도 마찬가지다. 부모가 교회 안, 중심에 거해야 한다. 그래야 자녀도 중심에 들어오고 말씀을 품는 단계로 나아갈 수 있다. 그러니까 결국 교회 안에 거하는 것과 말씀을 품는 것은 연결되어 있다. 둘 중 하나만 틀어져도 열매는 없고 제자로 서는 것이 불가능하다. 뜰에서 중심으로, 안으로 들어와야 한다. 술집도 항상 '일단 들어오라'고 한다. 마귀의 수법이기도 하다.

여하튼 신앙 연조에 비해 많은 열매가 없는 사람은 '안에', '중심에' 거하지 않는 사람이다.

"4 내 안에 거하라. 나도 너희 안에 거하리라. 가지가 포도나무에 붙어 있지 아니하면 스스로 열매를 맺을 수 없음 같이 너희도 내 안에 있지 아니하면 그러하리라. 5 나는 포도나무요 너희는 가지라. 그가 내 안에, 내가 그 안에 거하면 사람이 열매를 많이 맺나니 나를 떠나서는 너희가 아무 것도 할 수 없음이라."(요 15:4-5)

누구든지 '교회 안에' 거하고 '말씀 안에' 거하면 열매는 당연한 것이다. 그런데 몸은 교회 안에 거했지만 삶의 방식이 여전히 자신의 방식대로인 사람은 열매가 없다. 사울과 같은 자들이다. 결국 버림받는다. 정신 차려야 한다. 지금 우리 곁에 선 자녀들은 결국 또 다른 나다. 항상 하나님은 자녀를 통해서 나를 보여 주신다. 혹, 자녀의 비뚤어짐이 있는가? 나의 모습이다. 회개하고 돌이켜야 아름다운 열매로 자라난다.

코로나 이후 한국 교회에 대지각 변동이 일어날 것이다. 굳이 예배할 필요가 있었는가? 지금도 그런 사람들이 많다. 무엇이 옳은지는 열매가 말을 할 것이다. 다시 말하지만 영국 교회, 미국 교회의 예배당은 지금도 건재하다. 문제는 예배하는 사람이 없다. 통합 교단 발표에 의하면 최근 2년 만에 17만 명의 기독교인이 감소했다. 1만 명 수준의 대형 교회 17개가 사라진 셈이다. 'CTS 기독교 TV' 보도에 의하면 한 해에 3천 개 교회가 문을 닫는다.

장신대 임성빈 총장이 설교 중 발표한 내용을 보면 대학생들은 3%가 신앙생활을 하고 이 3% 중에 15%만이 자신이 신자임을 고백한다. 10대의 경우는 더욱 심각하다. 10대의 1%만이 신앙생활을 한다. 이 1% 마저 대학진학 후 1년 만에 70-80%가 교회를 떠난다. 한국 교회 60%가 주일 학교가 없다. 그런데도 성도들은 이런 현실을 위기라고 생각하지 않는다. 눈에 보이는 코로나만 위기라 생각한다. 예배하지 않는 다음 세대는 평생 눈물로 살아갈 것이다.

다시 말하지만 교회는 포도원이다. 꽃이 필 때 찾아오는 작은 여우를 잡아야 한다. 작은 여우는 눈에 띄지 않게 몰래 살금살금 들어와 포도원을 망쳐 놓는다. 내 마음 안의 작은 죄, 교회 공동체 안의 작은 분란이 교회 포도원을 망칠 수 있다. 회개와 기도로 작은 여우를 잡아야 한다. 또한 교회는 많은 열매를 맺어야 한다. 하나님은 신실하신 사랑으로 포도원을 일구신다. 우리는 그 사랑 안에서 하나님이 기뻐하시는 사랑의 열매, 의의 열매, 성령의 열매를 풍성하게 맺어야 한다. 교회는 좋은 열매를 많이 맺는 포도원이다.

15

교회는 플랫폼이다

"18 예수께서 나아와 말씀하여 이르시되 하늘과 땅의 모든 권세를 내게 주셨으니 19 그러므로 너희는 가서 모든 민족을 제자로 삼아 아버지와 아들과 성령의 이름으로 세례를 베풀고 20 내가 너희에게 분부한 모든 것을 가르쳐 지키게 하라. 볼지어다 내가 세상 끝 날까지 너희와 항상 함께 있으리라 하시니라."(마 28:18-20)

본래 '플랫폼(platform)'은 우리가 흔히 이해하는 대로 기차역, 버스 정거장 또는 강사, 음악 지휘자, 선수 등이 사용하는 무대나 강단 등을 뜻했다. 그러나 최근 '플랫폼'이란 단어는 다양한 분야에서 사용되고 있다. '플랫폼'을 이야기하지 않는 분야가 거의 없다. 택시(우버), 호텔, 방송, 금융, 유통 음식 등 거의 대부분의 업종에서 플랫폼 기업이 시장의 판도를 바꾸어 놓고 있다. 이제는 교육계에서도 '플랫폼 대학'이란 용어가 등장한다. '플랫폼'의 핵심 개념은 사람의 만남이 이루어지는 곳이고, 이 안에서 또 다른 목적지를 향해 나아간다는 것이다. 그런 관점에서 교회는 분명히 '플랫폼'이다.

교회는 천국의 플랫폼이다

그렇다면, 오늘날 교회는 어떠한 플랫폼인가?

<플랫폼 1> 교회는 천국의 플랫폼이다.

다시 말해 영원 세계를 가르치고 그 세계를 묵상하게 하는 곳이 교회다. 성경에서 신자를 '거룩한 순례자', '나그네'라고 했다.

> "13 이 사람들은 다 믿음을 따라 죽었으며 약속을 받지 못하였으되 그것들을 멀리서 보고 환영하며 또 땅에서는 외국인과 나그네임을 증언하였으니 14 그들이 이같이 말하는 것은 자기들이 본향 찾는 자임을 나타냄이라."(히 11:13-14)

그런데 언제부터인가 교회가 이 신앙을 잃어버렸다. 나그네인데 본향에 대한 묵상이 없으니 이 땅의 삶이 엉망이 되는 것이다. 떠나는 사람은 집착하지 않는다. 영원히 산다고 생각하니 욕심쟁이가 되는 것이다. 기독교인이 욕심쟁이가 되고 추잡스러운 사람이 된 것은 '플랫폼 정신'을 잃어 버렸기 때문이다.

요즘 세대를 초월해서 회자되는 노래가 하나 있다. 바로 나훈아 씨의 <테스 형>이다. '대한민국 어게인'이라는 나훈아 콘서트를 통하여 전 국민에게 알려진 노래다. 당시 콘서트의 시청률은 무려 29퍼센트를 기록하며 '나훈아 신드롬'을 불러 일으켰다. 무엇보다 그의 신곡 <테스 형>은 나훈아 신드롬의 절정으로 평가되고 있다. 왜 '테스 형'인가? '테스 형'이 무슨 뜻인가? 어째서 '테스 형'이란 말에 사람들은 열광했을까? 우선 '소크라테스'라 하면 단어가 길지만 '테스'라 하면 우리 식의 익숙한 두 글자 이름이기에 우리나라 시청자들에게 어필되기 쉬웠을 것이다. 무엇보다 소크라테스를 가리켜 '형', '테스 형'이라 한 점이 특이하고 신선하게 느껴졌다. 또한 가사 속에 소크라테스가 즐겨 활용했던 문답법식의 철학적 질문이 등장하면서 더욱 돋보였다. 특별히 그의 노래 속에서 두 가지 질문이 등장한다.

< 질문 1 > "아 테스 형 세상이 왜 이래 / 왜 이렇게 힘들어 아 테스 형, 소크라테스 형 / 사랑은 또 왜 이래 / 너 자신을 알라며 툭 내뱉고 간 말을 / 내가 어찌 알겠소 모르겠소 테스 형"

< 질문 2 > "아, 테스 형 아프다 세상이 / 눈물 많은 나에게 아, 테스 형 소크라테스 형 / 세상은 또 왜 저래 / 먼저 가본 저 세상 어떤가요 테스 형 / 가보니까 천국은 있던가요 테스 형"

놀랍게 이 노래를 콘서트 이후 세대를 초월해서 애창한다. 결코 단순히 '테스 형'이라는 단어가 좋아서만일까? 그렇지 않을 것이다. 나훈아 씨의 마음이 모두에게 전달되었다고 본다. 공연 중에 "테스 형, 세상이 왜 이래? 세월은 또 왜 저래? 물어 봤더니 테스 형도 모

른다 카데요."라고 말해 관객들의 폭소를 자아냈다. 소크라테스도 답을 얻지 못했다고 하는 그의 말에서 우리는 그가 전하고자 하는 숨은 메시지를 볼 수 있어야 한다. 다시 말해 '행간의 숨은 의미'를 파악할 수 있어야 한다는 말이다.

하나님을 만나야 '나'를 알 수 있다

만약 그가 그리스도인이라면 그가 전하고자 하는 메시지에 귀를 기울여야 하고, 그가 여전히 하나님을 알지 못한다면 그의 질문에 우리 스스로가 답해야 한다. 잘 아는 바대로 소크라테스와 철학자들은 이에 대해 답을 주지 못했다. 문제는 그들만 모르는 것이 아니다. 하나님을 만나지 못한 모든 인간들은 결코 자신을 알 수 없다. 그래서 인간은 항상 어느 정도 수준에 오르면 뿌리를 찾고 고향을 찾는다. 내가 누구인지 알고 싶어 하는 본능적인 욕구 때문이다. 하지만 고향을 찾는다고 나를 알 수 있는 것은 아니다. 하나님을 만나야 나를 알 수 있다. 그분이 나를 지으셨기 때문이다. 성경은 분명히 선언한다.

> "태초에 자신의 형상을 따라 인간을 지었다."(창 1:27, 창 2:7)

바울이 고백한다.

> "이는 만물이 주에게서 나오고 주로 말미암고 주에게로 돌아감이라."(롬 11:36)

신자는 우연히 세상에 던져진 존재가 아니다. 세상을 다스리고 정복하고 변화시킬 목적으로 만세 전에 계획하신 하나님의 뜻을 따라 이 땅에 보내진 자다. 작품의 바른 해석은 작가만 할 수 있는 법이다. 그래서 우리는 해설서와 같은 말씀을 통해 나를 봐야 한다. 이사야 선지자는 '너는 내 것이다.'(사 43:1)고 했고, "이 백성은 내가 나를 위하여 지었나니 나를 찬송하게 하려 함이니라."(사 43:21)고 했다. 베드로 사도는 '너희는 택하신 족속이요 왕 같은 제사장이다.'(벧전 2:9-10)고 했다. 따라서 잠언 기자는 하나님을 아는 것이 지혜의 근본이다(잠 9:10)라고 했다. 틀림없는 소리다. 자신이 누구인지도 모른 채 살아가는 그 사람이 무엇을 할 수 있겠는가? 결국 혼란에 빠질 수밖에 없다.

나훈아 씨의 노래 두 번째 질문 "가보니까 천국은 있던가요?"에 대한 답은 어떤가? '테스 형'이란 노래가 모든 세대에게 인기를 얻는 것은 사후 세계에 대한 인간의 궁금증을 잘 대변해 주기 때문이 아닐까 생각한다. 솔직히 사후 세계에 대한 궁금증을 가지지 않는 사람은 없다. 문제는 인간적인 지혜와 경험 수준에서는 이 질문에 대해 답을 줄 수 없다는 것이다. 그래서 인간들은 상상력으로 죽음 이후 세상을 그린다. 그것이 그림에도 나오고, 노래에도 나오고, 영화에도 나온다. 하지만 정답이 아니다.

당신은 이에 대한 답을 가지고 있는가? 정말 죽으면 끝인가? 죽으면 모든 사람이 다 안식을 누리는가? 역시 이 땅에서 이 질문에 대한 답은 하나님을 알고 성경을 아는 사람만 알 수 있다. 결론적으로 모든 사람은 죽는다(히 9:27). 그 중에서 예수님 믿고 죽은 사람은 영원한 안식에(눅 16:22), 그렇지 않은 사람은 영원한 고통의 지옥 불에 던져진다(눅 16:23). 이보다 명쾌한 답이 어디에 있는가? 하지만 이 명쾌한 답은 교회 외에는 줄 수 있는 곳이 없다.

바울은 감옥에서 '떠날 기약이 가까웠다'는 말을 했다. 여기서 '떠나다'는 말은 '텐트를 쳤다가 걷고 다른 목적지를 향해 나아간다'는 의미다. 그러니까 신자에게 장례식은 끝이 아니라 새로운 출발이다. 그래서 나는 신자의 장례식을 영광스럽게 생각한다. 특히 신앙생활을 제대로 하고 떠난 분의 장례는 거의 부흥회와 같다. 군인들이나 국가 공무원의 장례식이 얼마나 영광스러운가? 그들이 묻히는 묘역이 따로 있을 정도다. 하지만 신자의 죽음은 그런 취급을 받지 못할 때가 많다. 하여튼 천국 플랫폼 정신을 새겨주어 멋지게 살다 떠나게 해야 한다.

교회는 전 세계의 플랫폼이다

< 플랫폼 2 > 교회는 전 세계의 죽어가는 영혼을 향해 나아가는 '플랫폼'이다.

교회는 신자를 제자로 훈련해야 하고 그 훈련된 제자를 온 세상에 파송해야 한다. 그런데 어느 순간 교회가 요양병원 되어 버린 느낌이다. 퇴원할 마음도 없고 퇴원시킬 마음도 없는 상태를 말한다. 신자는 살아있는 한 하나님 나라 확장의 통로가 되어야 하는데

그런 의식이 없다. 코로나 상황만 해도 마찬가지다. 누구나 바이러스의 실체를 파악하기 전까지는 우왕좌왕할 수 있다. 그러나 파악이 된 후에는 달라져야 한다. 이제는 마스크를 착용하고 거리 유지를 하면 감염은 이루어지지 않고, 능동적 자가 격리를 통해서 확산도 막을 수 있다. 심지어 백신 접종까지 마친 사람도 있다. 그럼에도 사람들의 의식 속에 예배 자리에 나와야겠다는 마음이 없다. 죽을 것이 두려워서다.

플랫폼 정신이 사라진 것이다. 예수님 당시 교회의 모습은 모였다가 흩어지는 일을 확실히 했다. 예수님은 제자들과 함께 하는 것을 너무 좋아하셨지만, 12제자를 보내시고 70인 제자도 파송하셨다. 초대 교회도 마찬가지다. 예루살렘에 모였다가 성령을 받고 흩어졌다. 성령이 필요하신 곳으로 보내졌다.

> "1 안디옥 교회에 선지자들과 교사들이 있으니 곧 바나바와 니게르라 하는 시므온과 구레네 사람 루기오와 분봉 왕 헤롯의 젖동생 마나엔과 및 사울이라. 2 주를 섬겨 금식할 때에 성령이 이르시되 내가 불러 시키는 일을 위하여 바나바와 사울을 따로 세우라 하시니 3 이에 금식하며 기도하고 두 사람에게 안수하여 보내니라."(행 13:1-3)

이 시대 교회는 예수님이 유언과 같은 말씀을 기억해야 한다.

> "18 예수께서 나아와 말씀하여 이르시되 하늘과 땅의 모든 권세를

내게 주셨으니 19 그러므로 너희는 가서 모든 민족을 제자로 삼아 아버지와 아들과 성령의 이름으로 세례를 베풀고 20 내가 너희에게 분부한 모든 것을 가르쳐 지키게 하라. 볼지어다 내가 세상 끝 날까지 너희와 항상 함께 있으리라 하시니라."(마 28:18-20)

"또 이르시되 너희는 온 천하에 다니며 만민에게 복음을 전파하라." (막 16:15)

우리는 바울이 아무쪼록 몇 사람이라도 구원하기 위해서 최선을 다한다는 말에 귀를 기울여야 한다.

"약한 자들에게 내가 약한 자와 같이 된 것은 약한 자들을 얻고자 함이요 내가 여러 사람에게 여러 모습이 된 것은 아무쪼록 몇 사람이라도 구원하고자 함이니"(고전 9:22)

교회는 미래의 플랫폼이다

교회는 끝까지 한 영혼을 구원하고 살리고 세우는 데 모든 에너지를 쏟아야 한다. 많은 사람들은 우리 교회를 '힘든 교회'라고 한다. 쉬지 않고 일을 한다는 것이다. 또한 훈련에 누구도 예외가 없음이 부담이 된다고 한다. 맞는 말이다. 우리 교회는 쉬지 않는다. 성령이 가라 하신 곳에 어떻게든 나아간다. 성령이 하라 하신 일은 어떻게든 하려고 한다. 그렇게 해야 영혼을 구원할 수 있기 때문이다. 단독 선교사 파송이나 샬롬스쿨 운영 등 우리에게는 다 버거운 일들이다.

하지만 그 일을 통해서 수많은 영혼이 살아나고 있다. 교회는 이런 일을 위해 분주해야 한다. 우리끼리 편안한 길을 가는 곳이 아니다. 초기 한국 교회는 선교사들이 병원을 세우고, 학교를 세우는 일을 했다. 플랫폼 정신을 가지고 있었다. 영혼 구원의 통로를 본 것이다. 어떻게 해야 하나님 나라 확장의 속도가 빠르겠는가 연구하고 분석했다. 그런데 오늘날 교회는 복음 전하는 방법이 너무도 천편일률적이다. 코로나 시대에 모든 것이 뒤집혔다. 우리 사고의 틀도 뒤집혀야 한다. 무엇이라도 해야 한다. 위기라고 멈추어 서면 안 된다. 플랫폼 정신으로 움직여야 한다.

< 플랫폼 3 > 교회는 미래를 향해 나아가는 플랫폼이다.

교회는 다음 세대를 위해 투자를 아끼지 않아야 한다. 그런데 안타깝게도 이 시대 그리스도인들은 신앙의 대 잇기, 신앙 전수, 천대 영광 같은 의식이 희미하다. 어떻게든 예수님을 이용해서 돈 많이 벌고 넓은 집, 좋은 차 구입하는 데 에너지를 쏟을 뿐이다. 그 결과 한국 교회는 쇠퇴의 길을 가고 있다. 정신 차려야 한다. 부모가 세상을 떠난 순간 하나님 나라의 역사가 단절될 수 있다. 오늘을 살기에 급급하지 않아야 한다. 미래의 상급과 내일의 열매를 바라보고 눈물의 씨앗을 뿌리는 교회가 되어야 한다. 노아의 길을 가야 하고 아브라함의 길과 다윗의 길을 가야 한다. 노아처럼 당대에 완전한 자가 되어 온 가족을 방주로 이끌어야 한다. 아브라함처럼 자녀와 함께 모리아산 위에 올라서 같은 신앙을 전수해야 한다. 그리

고 다윗처럼 왕위를 계승해야 한다.

그래서 광주청사교회는 가정 세우는 일에 집중한다. 그런데 그 일이 쉽지 않다. 일단 집안 수준이 거의 바닥인 경우가 많다. 그야말로 콩가루 분위기다. 마치 이국종 교수가 귀순 병사를 처음 만났을 때 내장이 너덜거렸다던데 거의 그런 느낌이다. 정말 어디서 어떻게 손을 대야 할지 모르겠다 싶을 때가 많다. 이쪽을 막으면 저쪽에서 피가 푹 튀어나오고 저쪽을 막으면 위에서 피가 푹 터진다. 정말 지쳐 '모르겠다', '그냥 두고 싶다' 할 때가 더러 있다. 무엇보다 이 일을 하면서 힘들다면 힘든 것을 보여줄 모델이 많지 않다는 것이다. 단절의 역사 때문이다. 그래서 우리 안에서 늘 터져 나오는 질문이 있는데 '궁극적으로 견디고 견딜 때 어떻게 된다는 말인가?', '내가 지금 자녀와 함께 예배를 드리고 그를 위해 물질을 심고 기도하면 지금의 이 힘든 일들이 앞으로 얼마만큼 바뀌고 무엇이 새로워진다는 말인가?'이다.

룻기에 나타난 가정 회복의 역사

그런 관점에서 룻기서 공부는 정말 의미가 있다. 특별히 가정 회복이 결국 교회를 세우고 나라를 세우는 일이라고 외치는 교회에는 최고의 선물과도 같다. 특별히 룻기서 4장에는 룻의 결혼식 장면이 나온다. 뿐만 아니라 룻이 아들을 낳았고 그 아들의 후손이 뿌리를 뻗어가는 모습을 보여주며 끝이 난다. 룻기서의 구조가 참 멋있다. 1장은 장례식장이었는데 4장은 결혼식장이다. 1장은 남편 잃고 아들 잃은 세 여인의 장송곡이 울려 퍼지는데 4장에서는 웨딩마치가 울려 퍼진다. 1장은 울음이지만 4장에는 웃음이 넘친다. 1장은 가난에 주린 배가 보이지만 4장은 풍성함이 느껴진다. 1장에서는 무너지는 가정 이야기였는데 4장에서는 회복되는 가정 이야기로 바뀐다. 1장에서는 버림받은 것 같은 사람들이 4장에서는 하나님 나라 확장의 소중한 통로들로 우뚝 선다. 궁극적으로 우리가 누릴 영광이고 이를 목적지다.

특별히 4장 안에는 다섯 구절로 구성된 계보가 등장한다.

> "18 베레스의 계보는 이러하니라. 베레스는 헤스론을 낳고 19 헤스론은 람을 낳았고 람은 암미나답을 낳았고 20 암미나답은 나손을 낳았고 나손은 살몬을 낳았고 21 살몬은 보아스를 낳았고 보아스는 오벳을 낳았고 22 오벳은 이새를 낳고 이새는 다윗을 낳았더라."(룻 4:18-22)

보통 계보는 앞부분에 나오는데 이상하게 룻기서는 제일 마지막에 나온다. 또 특이한 점은 다윗 왕까지 이어지는 계보인데 아브라함, 이삭, 야곱으로부터 시작하지 않고 베레스로부터 시작한다는 사실이다.

> "베레스의 계보는 이러하니라.…"(룻 4:18)

그렇다면 여기서 베레스는 누구인가? 베레스는 창세기 38장에 나오는 인물인데 조금 설명이 필요하다. 야곱의 열두 아들 중 넷째 아들이 유다이다. 유다가 신앙의 내리막길을 걸을 때 이방 여인과 결혼을 한다. 그 이방 여인을 통해서 낳은 아들이 엘, 오난, 셀라이다.

"3 그가 임신하여 아들을 낳으매 유다가 그의 이름을 엘이라 하니라. 4 그가 다시 임신하여 아들을 낳고 그의 이름을 오난이라 하고 5 그가 또 다시 아들을 낳고 그의 이름을 셀라라 하니라. 그가 셀라를 낳을 때에 유다는 거십에 있었더라."(창 38:3-5)

그 중에서 첫째 아들 엘과 결혼한 여인이 다말이다. 그런데 하나님의 진노로 엘이 자식을 남기지 못하고 일찍 죽어버린다. 그러자 유다는 둘째 아들 오난과 형수 다말의 계대 결혼을 통해서 계보를 잇고자 했으나 오난이 거부한다. 결국 하나님이 그를 죽인다. 유다는 결국 다말을 자신의 친정으로 보낸다. 그를 통해서 후손이 이어지는 것을 포기한 것이다. 하지만 다말은 이미 유다의 집에 흐르는 메시아의 약속을 알았다. 그래서 대 잇는 일을 포기하지 않는다. 결국 그녀는 극단의 선택을 하게 되는데 다름 아닌 창녀로 변장하여 시아버지와 동침을 한다. 물론 3개월 후 며느리의 임신 사실을 알아차린 유다는 다말을 죽이려 했지만, 그가 간직한 증거물 때문에 자신의 자녀임을 인정하게 된다. 그렇게 낳은 자녀가 쌍둥이였고 그 첫째 이름이 베레스였다.

믿음으로 승리한 사람들

그렇다면 왜 룻기서에서는 다말이 낳은 베레스와 룻이 낳은 오벳을 연결시키는 것인가? 그것은 창세기의 다말과 룻기서의 룻에게는 공통점이 있기 때문이다. 즉, 인생의 바닥에서 끝까지 메시아의 약속을 믿었다는 것이다. 그런데 본문에 더 충격적인 내용이 숨겨져 있다. 다름 아닌 보아스의 출생 이야기다. 21절에 "살몬은 보아스를 낳았고…"라고 말씀한다. 보아스의 아버지가 살몬이라는 것이다. 그렇다면 보아스의 어머니는 누구인가? 바로 라합이다.

> "살몬은 라합에게서 보아스를 낳고…"(마 1:5)

라합은 여리고성의 기생이다. 물론 그가 이스라엘의 정탐꾼을 숨겨둔 사람이기도 하다. 하지만 어떻게 이방 여인, 기생이 예수님의 예표로 소개될 만큼 유력한 사람인 보아스의 어머니가 될 수 있는가? 결국 예수님의 족보까지 연결이 된다. 히브리서 기자는 이런 라합을 믿음의 사람이었다고 증언한다.

> "믿음으로 기생 라합은 정탐꾼을 평안히 영접하였으므로 순종하지 아니한 자와 함께 멸망하지 아니하였도다."(히 11:31)

정리하면 베레스, 룻, 라합 모두는 그야말로 비참한 삶을 산 사람들이다. 누구 하나 주목하지도 않은 캄캄한 어둠 속에 서 있었던 자들이다. 하지만 끝까지 자신의 가문이 회복될 것을 믿고, 어떻게든 구원의 역사를 이어가려는 열망을 가지고 있었다. 아무것도 가지지 못했지만 믿음만은 놓지 않았다는 이야기다. 결국 승리했다.

낮고 낮아야 흘러간다

나는 지금껏 우리 교회를 향한 백배 결실의 약속과 아울러 가정 행복, 자녀 형통의 약속을 믿고 '울자', '헌신하자', '기도하자', '기다리자' 수천 번 수만 번 외쳤다. 여전히 그 일에 동참하는 자들이 있지만 이제는 포기하고 내려놓고자 하는 자들도 있다. 하지만 성경은 우리에게 다시 소리친다. '믿음을 위해서 울어라', '서럽고 서러워도 자리를 떠나지 말라', '한 치 앞이 보이지 않는 어둠 속에서도 기다려라.' 새벽이 오기 때문이다.

하나님은 우리를 기억하신다. 세상은 우리를 이해 못 해도 하나님은 우리의 눈물을 기억하신다. 세상은 창녀 같은 여자라고 비웃어도 하나님은 그 마음 중심을 아시고 구원 역사의 통로로 사용하신다. 감히 창세기의 다말, 룻기서의 룻, 보아스의 어머니 라합 같은 열정의 사람들이 광산구 우산동 광주청사교회에 있다고 외친다. 우리 교회에는 간절한 눈물이 있다. 무엇보다 가정을 세우고 자녀를 세워 한국 교회 신앙이 천대까지 흘러가야 한다는 애절한 눈물이 있다. 또한 하나님은 우리를 쓰신다는 확신으로 충만하다. 우리는 결코 오늘의 삶에 안주하지 않았다. 미래를 향한 플랫폼 역할을 충실히 감당하고 있다. 그 일이 도전이 되어 콘퍼런스까지 진행하는 교회로 성장하고 있다.

룻기서 족보 안에는 각 절마다 두 사람씩 모두 열 명의 이름이 소개된다. 누가 누구를 낳았다는 단순한 문장을 아홉 번이나 반복한다. 역시 의도가 있다. 1장에서는 죽음의 이야기를 들려주더니 4장에서는 출생의 이야기를 들려준다. 이제 우리가 써가야 할 역사는 예수 생명의 역사요, 믿음의 역사인데 그 역사는 낳고 낳아야 흘러간다는 것이다. 이제 우리 차례. 다말도, 룻도, 라합도 낳았다. 그들이 썩지 않았듯 우리도 썩어버리면 안 된다. 흘러 보내야 한다. 세워야 한다. 그래야 또 내 아들이 믿음을 낳을 것이다. 문제는 룻기서에 등장하는 여인들과 달리 환경타령, 조건타령 하면서 출산을 포기하는 자가 많다는 데 있다. 요한계시록에서도 해 입은 여자가 해산의 고통을 겪고 철장 권세를 가진 아이를 낳는다.

이 시대 교회도 울고 또 울어 목사는 목사를 낳고, 장로는 장로를 낳아야 한다. 사명도 낳아야 한다. 끊임없이 미래를 위해 심고 투자해야 한다. 이단들은 이 부분에 대해서 확실한 의식이 있고 가르침이 있다. 하지만 정작 교회들은 그렇지 못하다. 부디 가족 구원, 자녀 구원에 대해 기도 제목을 분명히 하자. 흔들리지 말고 신앙 전수자의 사명을 완수하자. 교회는 펜트하우스가 아닌 '플랫폼'이다.

제4부

다시 새로워지는
한국 교회

16

한국 교회는 주일 성수다

"하나님이 그가 하시던 일을 일곱째 날에 마치시니 그가 하시던 모든 일을 그치고 일곱째 날에 안식하시니라."(창 2:2)

무신론 철학자 볼테르가 말했다. "기독교를 죽이고 싶으면 주일을 폐지시키면 된다." 그만큼 주일 성수는 기독교의 핵심이다. 기독교 역사를 살펴보면, 주일 성수를 철저히 지킬 때 교회가 부흥되었고 주일 성수가 흐려질 때 교회가 무너졌다. 한 예로, 미국 교회는 1930년대에 주일 성수의 위기가 왔는데, 그것은 곧바로 미국 교회의 세속화로 이어졌다. 초기 한국 교회 부흥의 중요한 요소 중 하나는 우리 선조들이 생명 걸고 주일을 지킨 데 있었다.

우리 선조들의 주일 성수 신앙

(먼저 묻고 싶다.) 우리 선조들의 주일 성수는 놀라울 정도로 철

저했다. 왜 우리 선조들은 주일에 노동을 멈추었는가? 왜 돈을 쓰지 않았는가? 왜 주일 아침에는 금식했는가? 왜 자녀 집에 갔다가도 토요일이 되면 서둘러 집으로 돌아왔는가? 왜 본 교회에서 예배드려야 한다고 했는가? 왜 우리 선조들은 주일에 공부하지 말라고 했는가? 왜 주일에는 결혼식장에 가지 않았는가? 왜 주일에 구별된 한복을 입고 예배를 드렸는가? 왜 주일 헌금을 신권으로 바꾸어 드리거나 다림질을 해서 드렸는가?

물론 이 시대는 이 모든 것들을 '율법적이다', '신학적으로 옳지 않다'며 뒤집어 버렸다. 그래서 주일에 온 종일 교회에 머물지 않는다. 필요한 시간에 한 번 예배면 족하다. 굳이 본 교회로 돌아와 주일 예배를 드리지 않는다. 헌금도 신권으로 바꿀 필요가 없다. 송금하면 된다. 또한 정장이나 한복을 입지 않는다. 하나님은 마음 중심을 보시기 때문이다. 주일에 학원에 간다. 공부 잘해서 좋은 대학 가는 것이 주의 영광을 드러내는 일이라는 확신 때문이다. 돈 쓰는 것은 두말할 것 없다. 오히려 교회적으로 주일에 식당을 이용한다. 지역 경제 활성화 차원에서, 선교적 측면에서 옳다고 믿기에 더욱 확대되는 분위기다.

여러분 생각은 어떤가? 정말 우리 선조들의 신앙이 다 잘못된 것인가? 정말 율법적이었는가? 그들 신앙 안에 복음이 없었는가? 그런데 어떻게 경이로운 부흥의 역사를 이루었을까? 하나님은 속지 않는 분이신데 어떻게 선조들의 신앙을 인정하셨을까? 나는 결코 선조들의 신앙이 틀렸다고 생각하지 않는다. 돌아보면 선조들처럼 주일 성수를 할 때 예배 신앙이 뜨거웠고, 교회는 부흥했다. 현대 교회가 위대한 신학적 발견을 이루었는지는 모르지만 신앙의 열정은 지키지 못했다. 선조들의 주일 성수 원리는 결코 틀리지 않았다. 다만 그 안에 담긴 정신들에 대한 설명이 부족했던 것이다.

주일 성수 신앙에 담긴 '축제'의 정신

주일 성수 신앙 안에는 '샤바트(שבת)'의 정신이 담겨져 있다. '샤바트'의 정신이라 함은 '샤바트'의 명사형이 '샵바트'인데 즉, '축제', '축제일'의 원리가 담겨져 있다는 것이다. 하나님 나라의 핵심 원리는 잔칫집이다. 예수님이 이 땅에 오셔서 행하신 첫 이적도 잔칫집에서 일어났다. 요한계시록의 재림의 영광도 혼인 잔치로 비유하였다. 우리의 문제는 잔칫집의 영성을 잃어버린 것이다. 매일의 삶이 축제일이 되지 못하는 것은 주일 성수 신앙을 잃어버린 것과 무관하지 않다.

'샤바트'라는 말이 처음 사용된 때는 천지 창조가 완결되었을 때이다.

> "하나님이 그가 하시던 일을 일곱째 날에 마치시니 그가 하시던 모든 일을 그치고 일곱째 날에 안식하시니라(샤바트)."(창 2:2)

이 번역을 그대로 받아들이면 '안식하시니라'는 아무 것도 하지 않고 쉬는 것이지 '샤바트, 축제일'이 아니다. 그러나 이 번역은 크게 두 가지 면에서 아쉬운 해석이다.

< 해석의 아쉬움 1 > 동사 '마치시니'는 1절의 '다 이루어지니라'와 동일한 단어이므로 '마치다'로 번역하면 안 된다.

< 해석의 아쉬움 2 > 원문의 전치사 'from'을 '그치다'로 해석한 것은 지나친 의역이다. 최소한 다음과 같이 번역해야 한다.

"하나님께서 하시던 일을 일곱째 날에 완성하시니, 자기가 하시던 모든 일로부터 일곱째 날에 안식(샤바트)하셨다."(창 2:2)

도대체 '안식하셨다'를 '쉬었다'로 보아야 하는가 '축제를 벌이다'로 보아야 하는가? 쉬었다고 본다면 천지 창조는 6일째 완성이 되었어야 옳다. 그런데 분명히 7일째에 완성되었다. 그렇다면 하나님이 7일째에도 무엇을 하셨다는 말인데 무엇을 하셨다는 것인가? 그 무엇이 바로 '샤바트'이다. 일단 '샤바트'가 단순히 '쉬었다'일 수 없는 것은 하나님은 피곤치 않으신 분이다. 휴식이 필요가 없다. 그래서 여기 '샤바트'는 '축제를 벌이다'는 뜻으로 해석되어야 한다.

하나님이 천지 창조 중에 반복적으로 하신 말씀이 있는데 '보시기에 좋았다.'는 선언이다. 여기서 '보시기에 좋았다.'는 것은 기능적으로 잘 작동한다는 뜻이고 아름답고 멋지다는 뜻이다. 그러니까 여기 '좋았다'는 말은 '즐거웠다'는 말로 대체될 수 있다. 다시 말해 하나님은 자신이 창조한 결과들 때문에 즐거워하셨다. 그런데 그 즐거움은 찰나의 순간으로 끝나는 것이 아니라 감정이 지속되는 시간을 전제한다. 물론 '보시다'도 마찬가지다.

정리하면 하나님은 자신이 창조하신 것을 보는 시간을 가지셨고, 그것들을 통하여 하나님은 농부가 열매를 기뻐하듯 즐거워하셨다는 것이다.

주일 성수에 관한 칼빈의 견해

그런데 여섯째 날에는 '보시기에 좋았다.'는 말이 두 번 나타난다.

> "하나님이 땅의 짐승을 그 종류대로, 가축을 그 종류대로, 땅에 기는 모든 것을 그 종류대로 만드시니 하나님이 보시기에 좋았더라." (창 1:25)

> "하나님이 지으신 그 모든 것을 보시니 보시기에 심히 좋았더라. 저녁이 되고 아침이 되니 이는 여섯째 날이니라."(창 1:31)

모든 것을 보시는 시간이 일곱째 날이다. 그런데 하나님은 아예 일곱째 날을 복되게 하셨고 거룩하게 하셨다. 훗날 이 내용은 안식일 규정에 포함된다. 여기서 '복되게 하셨다', '거룩하게 하셨다'는 내용이 중요하다. 즉 '그 일에 동참하기를 원하신다.'는 것이다. 그 날을 '하나님 것으로 만드셨다'는 것은 엄한 명령이다. 정리하면 구약의 안식일은 그리스도 안에서 누릴 영원한 안식의 그림자 개념을 지나 '하나님께서 친히 창조하시고, 보시기에 심히 좋았다고 말씀하신 창조의 역사에 대한 묵상', '그분의 통치하심과 위대하심에 대한 찬송'의 의미를 가지고 있다.

칼빈은 안식일에 관하여 다음과 같이 설교했다.

"사실 안식에 관한 명령이 모든 사람들에게 적용되는 것은 합당한 일이다. 그러므로 안식일에 관하여 모세가 자세히 밝힌 내용이 우리에게는 불필요한 것이라고 생각해서는 안 된다. 왜냐하면 그 상징이 지금까지 지속되지 않을지라도 그 진수는 계속 적용되기 때문이다. 따라서 이 날에는 우리가 하나님의 놀라운 우주 창조와 그것에 대한 통치에서 나타나는 그분의 지혜와 권능과 선하심과 공의로우심을 생각하는 일로부터 주의를 빼앗기며 보낼 수 있도록 허용된 시간이 단 한 순간도 없다.

그러나 인간은 변화무쌍하여 이 날을 잊어버리거나 곁길로 나갈 소지가 크다. 그래서 하나님께서는 인간의 이러한 연약함에 대한 대책을 강구하신 끝에, 칠일 가운데 하루를 다른 날들과 구별하셨다. 그리고 우리에게 반드시 모든 세상일과 근심을 잊은 채로 이 날을 보내도록 명령하심으로써 거룩한 시간을 방해하지 못하게 하셨다. 이러한 점에서 볼 때 고대 이스라엘 백성들과 마찬가지로 우리에게도 안식일에 관한 한 동일한 필요성이 있으며 우리는 이 한 날에 모든 일에서 해방되어 그만큼 더 그분의 말씀을 배울 준비를 함과 동시에 각자의 믿음을 입증해야 한다."

따라서 신약 시대 구원받은 주의 백성들도 반드시 하나님이 명령하신 대로 이레의 하루는 구별하여 하나님의 위대하심을 깊이 묵상하는 시간을 가져야 한다. 그 시간이 지금 우리에게는 주일이다. 칼빈은 주일을 '창조의 기념일이요, 경건의 훈련의 날'이라고 했다. 우리가 주일에 온 종일 모여야 하는 이유에 대해서도 분명히 말했다. "안식일의 상징적인 의미는 상실되었지만 여전히 그 영적 원리는 우리에게도 적용된다. 여전히 하나님의 백성들은 공동체로서의 경건 훈련을 위하여 하나님의 이름으로 정해진 날에 모여야 한다. 인간이 하나님을 예배하는 일에 최선을 다하거나 마땅한 일로 간주하여 스스로 그 일을 잘 할 수 없고, 악한 본성 탓에 성도들은 모여야 한다."

이것을 칼빈은 신자의 '시민 질서'라고 했다. 어느 나라 사람이든지 그 나라 법을 따라 살듯이 우리 하늘 시민권자들도 하나님을 예배하는 주일을 중심으로 살아야 한다는 것이다. 물론 이제 우리는 일곱째 날에 모일 필요는 없다. 이미 예수님 부활을 통해 우리를 모든 율법의 속박으로부터 구속하시고 율법 준수에 대한 책임을 면해 주셨기 때문이다. 주일 성수는 결코 구원의 조건이 아니다. 다만 평생 하나님을 예배하고, 섬기는 삶을 살아가도록 훈련하는 날로서 주일이 절대적인 의미를 가질 뿐이다.

주일을 영혼의 축제일로 여긴 청교도

그래서 미국의 청교도들은 주일을 금식일이 아닌 영혼의 축제일로 여겼다. 또한 그들은 주일을 '영적 박람회'요, '한 주간에 필요한 모든 영적 양식을 충분히 비축하는 즐거운 날'로 생각했다. 리차드 그린 햄도 "주일은 공부하는 날이요 영적 박람회 날이자 영혼의 장날이며, 영혼의 양식을 공급받는 날이요, 하나님을 어떻게 예배하는지를 배우는 날이다."고 주장했다. 그들의 주일 성수 신앙은 정말 대단하다.

그 내용을 간단히 언급하면 다음과 같다.

< 청교도들의 주일 성수 1 > 주일에 말씀을 듣기 위해 토요일부터 준비했다.

청교도들은 선포되는 말씀을 듣기 위해서는 철저한 준비가 필요하다고 생각했다. 그래서 그들은 토요일에 모여 주일에 받을 말씀을 위해 세 시간씩 기도했다. 스윈녹은 "만일 당신이 토요일 밤에 당신의 심령을 하나님께 맡긴다면 주일 아침에 당신의 심령이 하나님과 함께 있음을 알게 될 것이다."고 했고 또 "주일에 졸지 않기 위해서 제 시간에 자라."고 권면했다.

< 청교도들의 주일 성수 2 > 주일 예배를 모든 공예배의 중심으로 삼았다.

청교도들에게 모든 예배의 중심은 주일 예배였고, 삶의 중심이 주일이었다. 그들은 경건한 삶에 필요한 모든 요소들을 주일을 통해 공급받는다고 생각했기에 어떤 일이 있어도 주일 예배를 소홀히 하지 않았다. 당시 그들의 예배는 보통 세 시간이었다. 하지만 그 누구도 불평하지 않았다. 오히려 설교가 짧은 것을 더 불안해했다.

< 청교도들의 주일 성수 3 > 개인의 사업과 오락 등을 일체 중지했다.

그들이 개인 사업과 오락 등을 일체 중지한 것은 경건 훈련에 집중하기 위해서였다. 사람은 교육받고, 훈련 받은 수준에서 살기 마련이다. 그린 햄의 지적처럼 '주일은 공부하는 날'인데 그 공부를 소홀히 하는 사람이 어떻게 바른 신앙의 길을 갈 수 있겠는가? 우리가 자격증 하나만 따려고 해도 모든 것을 등지고 독서실에 가고 고시원에 들어가는데 하물며 영적 깨달음이겠는가?

< 청교도들의 주일 성수 4 > 가족 단위로 모였다.

그들은 주일에 온 가족이 함께 예배에 참여하는 것은 물론이고 매일 가정에서 두 번씩 예배를 드렸다. 또한 아이들과 신앙 문답을 하고 주일에 들은 말씀을 질문하고 풀어주어 가슴에 새겨지도록 했다. 특히 주일 예배 전에는 온 가족이 둘러 앉아 오늘의 예배 가운데 부어질 은혜를 위하여 기도했다. 혹자들은 그들을 율법주의자라고 비난하지만 그들은 하나님을 닮아가기 위해 몸부림 친 위대한 신앙인들이었다.

놀랍게도 우리 선조들의 주일 성수가 이들과 닮았다. 그래서 우리 선조들은 주일에 일상을 멈추었다. 그날에 하나님에 관하여 깊이 배웠고 묵상했다. 그래서 서러운 역사를 기쁨의 역사로 바꾸었다. 하나님을 끝까지 경외함으로 섬겼다. 신자의 영광을 저버리지도 않았다. 그런데 오늘날 한국 교회는 어떤가? 하나님을 경외하는 모습이 보이지 않는다. 오만 방자하다. 그런데 세상 앞에서는 비굴하다. 안타깝다.

선조들의 주일 성수 신앙을 이어가자

부친이 목회했던 강진영광교회에 이현옥 장로가 있다. 아버지 첫 목회지에서 총각으로 만났는데 이제는 칠십을 바라보는 장로가 되었다. 이 장로는 가난한 집 6남매의 장남이었다. 홀어머니 밑에서 성장했는데 가난한 집안을 일으키고자 젊은 나이에 군산에서 원양어선을 탔던 사람이다. 안타깝게도 30대 초반의 나이에 불의의 사고를 당해 오른손 엄지를 포함해서 세 개가 절단되었다. 모든 꿈이 좌절되는 순간이었다. 인생을 포기하고 고향으로 내려와 거의 자포자기의 삶을 살 때 우리 아버지를 만났다. 거의 술독에 빠져 사는 중에 아버지의 전도를 통해서 예수님을 영접하게 되었다. 아버지는 처음부터 그에게 5대 신앙을 가르쳤다. 그리고 함께 그 가정의 미래를 설계했다. 심지어 최고의 미인(?)을 소개해서 가정을 이루게 했고, 논도 사고 밭도 사게 되었다. 무엇을 하든지 목사와 함께 의논하여 영적 원리를 따라 살아갔다. 놀랍게도 그의 가문이 일어나기 시작했다. 초창기 아버지 목회의 큰 열매였던 것 같다.

어느 날 이 장로(당시 서리 집사)는 경기도 일산에서 잠시 큰 사업체를 도와 섬겨야 하는 일이 생겼다. 가정 경제 등을 고려할 때 그곳에 가서 일을 할 수밖에 없었다. 놀랍게도 그는 그 곳에서 2년 가까이 주일 성수를 본 교회(전남 강진)에서 했다. 토요일에 내려와서 예배를 드리고 주일에 올라가는 식으로 신앙생활을 했다. 지금 분위기로는 '너무하다' 싶지만 그 당시 그에게는 너무도 자연스러운 일이었다. 훗날 그는 읍내에 떡집을 차리게 되었고, 자신이 섬기는 교회의 장로가 되었다. 지금 그는 소문난 부자가 된 것은 물론이거니와 하나님 나라 확장의 신실한 통로로 쓰임 받고 있다.

과연 요즘 이런 성도가 있을까? 오래 전 서울 지역 모 교회 장로인데 사업차 베트남에 거주하는데 매주 본 교회에서 주일 성수를 한다는 이야기를 들은 적도 있다. 나는 이런 신앙이 오늘의 위대한 한국 교회 역사를 만들었다고 생각한다. 요즘 교회적으로 이런 직분자가 많지 않다. 오죽하면 권사 취임선서에 '손자 손녀 보러 가서 수개월 머물지 않기'라는 내용을 만들어 넣었겠는가? 소용없다. '본 교회'라는 말 자체가 무색하다. 우주적 교회만을 강조한 나머지 지역 교회 개념을 약화시키고 말았다.

주일 성수는 단지 특정한 날을 지키는 것 그 이상의 의미를 지닌다. 이것은 하나님을 향한 우리의 마음가짐과 태도의 문제다. 주일 성수는 '하나님이 내 삶의 가장 1순위'라는 믿음의 고백이다. 한국 교회가 우리 믿음의 선조들처럼 주일 성수 신앙을 철저하게 지켜서 하나님을 경외하는 것과 신자의 영광을 당당히 선포하는 법을 배웠으면 좋겠다.

17

한국 교회는 새벽 기도다

"내 영광아 깰지어다. 비파야, 수금아, 깰지어다. 내가 새벽을 깨우리로다."(시 57:8)

선조들의 위대한 신앙 두 번째는 새벽 기도 신앙이다. 기독교 역사에서 새벽 기도 신앙을 제도적으로 유지한 공동체는 한국 교회가 유일하다. 왜 우리 선조들은 새벽을 사랑했을까? 왜 수 킬로미터의 거리를 달려와 기도했을까? 어떻게 추운 새벽에도 그 일을 멈추지 않았을까? 왜 우리 선배 목사님들은 "새벽 없이 목회 못한다." 했을까? 그런데 이 시대는 반대 아닌가? "새벽 기도 어떤 놈이 만들었나?", "새벽만 없다면 목회할 만할 텐데?" 여러분의 고백은 어떤가?

우리 선조들의 새벽 기도 신앙

우리에게 새벽은 영광인가 짐인가? 새벽 기도의 응답을 확실하게 체험한 성도에게는 영광일 것이고, 여전히 새벽 기도가 의무인 성도에게는 짐일 것이다. 감사하게도 새벽은 광주청사교회의 브랜드가 되었다. "광주청사교회는 주일 학생까지 새벽 기도하는 교회"라는 소문이 났다. 기쁘고, 기쁘다. 앞으로도 이 명성을 지속할 것이다.

우리 선조들에게 새벽은 어떤 의미였을까?

<선조들의 새벽 1> 가슴의 한을 푸는 시간이었다.

우리 선조들은 가슴에 한이 많았다. 신분 제도에서 오는 한, 가난과 무지에서 오는 한, 나라 잃은 설움에서 오는 한들이 많았다. 그래서 초기 한국 문화를 연구하면 꼭 무당들의 굿 문화가 나온다. 굿은 인간의 원한 맺힌 사연을 풀어주고 달래주는 통로였다. 하지만 우리 믿음의 선조들은 가슴의 한을 굿이 아닌 기도로 풀었다. 이 부분을 이해하면 한국 교회가 그토록 소중하게 여기며 지켜온 '주여 삼창 기도'의 비밀을 알 수 있다. 교회가 아니면 소리칠 곳이 없었다. 교회가 아니면 가슴을 찢고 통곡할 수 없었다. 가문의 수치로 여겨질 수 있었기 때문이다. 그래서 그들은 수 킬로미터를 걸어 추운 새벽에도 예배당을 찾았던 것이다. 그들의 찬송은 '아시지요'가 전부였다. 시작부터 끝까지 '아시지요 주님, 아시지요 주님,

아시지요 내 맘, 도와주세요 주님, 도와주세요 주님' 이렇게 울다, 웃다 기도를 마쳤다.

성경의 많은 인물들도 기도 가운데 원한 맺힌 사연을 털고 마음의 상처를 치유 받았다. 성경적으로 아무 문제가 없다. 그래서 나는 새벽 기도 시간만큼은 기도의 형태를 제한하지 않는다. 마음껏 부르짖게 한다. 어떤 의미에서, 소리 내어 우는 것이 정상인 시대다. 그런데 울지 못한다. 주의 눈물 병에 담을 눈물이 없다. 시편에 나오는 수많은 기도들이 우리 선조들의 새벽 기도 모습과 일치한다. 오늘날 우리는 이 통로를 상실했다. 한국 교회에 영적 환자들이 많은 것도 결코 이와 무관하지 않다.

< 선조들의 새벽 2 > 영적 전투의 장이었다.

초기 한국 교회는 영적 시험들이 많았다. 가족 간의 불화와 나라적인 어려움 등이 많았다. 그래서 새벽 기도에 목숨을 걸었다. 결국 새벽 기도를 통하여 경이로운 부흥의 역사를 만들었다. 이미 언급한 바 있지만 한국 교회 부흥 운동의 뿌리는 크게 두 줄기다. 한 줄기는 1903년 캐나다 출신 하디(Robert A. Hardie) 선교사의 사경회를 통한 원산 지역 부흥 운동이다. 또 다른 줄기는 길선주 목사가 시작한 새벽 기도 운동이다. 1907년 장대현교회에서 8일 동안 사경회가 열렸다. 약 1,500명이 모였는데 그때 강사는 길선주 목사였다. 길선주 목사는 평양신학교 1회 졸업생인데 이미 '길도사'로 불리던 사람이었다. 본래 새벽에 도 닦는 일을 좋아했었다. 그런데 그가 목사가 되어 성령 받은 뒤 새벽을 은혜의 통로로 바꾼 것이다.

선교사 데이비스(Grace Davis) 보고서에 의하면 "길 목사는 누구든지 원하면 며칠 동안 새벽 4시 반에 모여 기도할 수 있다고 알렸다. 그 이튿날에는 사람들이 더 많이 모여 4시 반경에는 400명에 이르렀다."고 한다. 그러니까 1907년 평양 대부흥 운동은 새벽 기도를 빼고 말하면 안 된다.

고인이 된 빌리 그래함 목사는 "캐나다는 아침마다 지저귀는 새소리가 아름다웠다. 일본은 아침 새벽부터 공장의 요란한 소리, 출근 소리에 잠을 깼다. 그런데 한국에 와서는 새벽 기도를 알리는 종소리에 잠을 깼다."고 했다. 다시 말하지만 우리나라 부흥의 뿌리는 제자 훈련도, 위대한 설교도 아니다. 새벽 기도였다.

새벽 기도는 영적 부흥의 통로

시대마다 그 민족에게 주신 아름다운 신앙 유산이 있다. 유럽 교회는 종교 개혁의 역사, 청교도는 주일 성수와 가정 예배, 한국 교회는 새벽 기도이다. 우리 선조들이 자랑스럽다. 이 땅의 모든 사람들이 다 새벽을 선물로 받았지만 그 시간을 부흥의 통로로 만들어낸 민족은 우리 선조들이 유일하다. 그 역사를 계승하여 계속 부흥의 역사를 써가야 한다. 지금도 새벽 기도하는 교회는 그 지역의 영적 선봉장 역할을 감당한다. 새벽부터 마귀를 박살 내버리기 때문이다.

<선조들의 새벽 3> 일용할 양식을 해결하는 통로였다.

선조들은 배고픈 시절을 살았다. 진성의 '보릿고개' 노래 가사에 그 내용이 잘 전달된다.

"아야 뛰지마라 배 꺼질라 / 가슴시린 보릿고갯길 / 주린 배 잡고 물 한 바가지 배 채우시던 / 그 세월을 어찌 사셨소 / 초근목피에 그 시절 바람결에 지워져 갈 때 / 어머님 설움 잊고 살았던 / 한 많은 보릿고개 여 / 풀피리 꺾어 불던 슬픈 곡조는 / 어머님의 한숨이었소."

그런데 우리 예수님이 가르치신 기도에 '일용할 양식을 주시옵고' 라는 내용이 있다. 선조들은 기도하지 않을 수 없었다. 한 끼, 하루 식사가 어려웠기 때문이다. 놀랍게도 우리 예수님도 새벽이 밝기 전에 기도하셨다. 예수님의 생애는 기도 자체였다. 그의 기도는 피의 기도였고 땀의 기도였다. 무엇보다 새벽 미명의 기도였다. 어쩌다가 한 번 그렇게 하신 것이 아니다.

정말 감동이 되는 부분이 우리 선조들은 예수님의 이 기도 습관을 배워 일용할 양식과 인생의 많은 문제를 해결 받았다는 것이다.

< 선조들의 새벽 4 > 지혜를 공급받는 통로였다.

선조들은 우리 당대처럼 공부를 많이 하지 못했다. 그래서 아는 것이 별로 없었다. 하지만 그들의 삶은 탁월했다. 교회 부흥의 역사만 봐도 대단하다. 어떻게 그렇게 목회를 잘했을까? 어떻게 교회를 그렇게 잘 섬겼을까? 지식이 아닌 지혜로 그 일을 이룬 것이다. 지혜는 하나님이 주신다. 특별히 기도하는 자에게 주신다. 그래서 선조들은 새벽을 사랑했다. 이 시대는 정반대로 흘러간다. 지식은 많으나 지혜가 없다. 새벽에 엎드리지 않아서 그렇다.

우리에게 주어진 시간은 유한하다. 시간들을 잘 관리하며 살아야 후회가 없다.

> "15 그런즉 너희가 어떻게 행할지를 자세히 주의 하여 지혜 없는 자 같이 하지 말고 오직 지혜 있는 자 같이 하여 16 세월을 아끼라. 때가 악하니라."(엡 5:15-16)

그런 의미에서 새벽 기도는 매우 중요하다. 새벽 기도는 하루 일과를 시작하기 전 계획을 점검할 수 있는 최고의 시간이다. 이 시간에 하루의 삶을 시뮬레이션해야 한다. 내비게이션에 '모의 주행'이라는 기능이 있다. 미리 가보는 것이다. 어디를 경유하여 어느 길로 갈 것인지 정확하게 보여준다. 더 놀라운 것은 미리 가보고 그 길을 수정할 수 있다는 사실이다.

기도의 필수 과목, 새벽 기도

나는 새벽 기도 시간을 이렇게 활용한다. 오늘 하루 갈 곳, 만날 사람들을 위해 기도한다. 그래서 사람들에게 휘둘리지 않게 되고 하나님의 뜻을 벗어나지 않게 된다. 우리 인생에 있어서 묻고 시작하는 것은 정말 중요한 일이다. 다니엘과 세 친구가 승리한 것도 뜻을 정하고 살았기 때문이다. 우리 선조들도 마찬가지다. 그들이 불의와 쉽게 타협하지 않았던 것은 다 뜻을 정한 기도 시간, 즉 새벽 기도를 붙들었기 때문이다.

기도의 거장들은 새벽 기도를 '기도의 왕관', '기도의 필수 과목'이라고 칭한다. 그래서 나는 새벽 기도를 후대에게 가르치기 위해 노력한다. 그 결과 매일 장년과 함께 주일 학생들이 새벽 기도 하는 교회가 되었다.

나름대로 정리한 새벽 기도 필승 전략을 소개하면 다음과 같다.

<필승 전략 1> 모든 일보다 우선순위에 두어야 한다.

예배는 결국 가치의 인정인데, 새벽 예배의 가치를 깨닫고 그 예배에 삶의 우선순위를 둘 때 필승한다. 교회적으로도 어느 순간 새벽 예배가 공예배로서의 위치를 이탈한 지 오래다. 많은 경우 설교도 보통 예배보다 짧게 하고, 큐티 등으로 대신하기도 한다. 심지어 성경 읽기로 대신하는 경우도 있다. 차별성을 두는 것은 좋으나

수준을 약화시키는 것은 바람직하지 않다. 어떤 의미에서 가장 깊은 말씀이 새벽에 선포되어야 활성화 될 수 있다.

< 필승 전략 2 > 만사를 제치고 저녁에는 자야 한다.

저녁을 포기해야 아침을 열 수 있다. 그런데 지금도 많은 그리스도인들이 새벽 중심으로 살지 않는다. 영적인 문제 이전에 삶의 패턴을 바꾸는 것만으로 필승할 수 있는데 그 일에 집중하지 않는다.

우리 교회 부교역자 중 김인성 목사가 있다. 부임 초기에 새벽마다 졸아서 서로가 힘들었던 적이 있다. 샬롬스쿨 유학반을 담당하는 목사인데 너무 조니까 교역자들은 물론이거니와 장로님들에게까지 말이 나왔다. 본인 스스로도 '고민을 많이 하고 노력하지만 잘 고쳐지지 않는다.'고 했다. 정직한 고백이다. 그는 결코 요령 피우는 사람이 아니었다. 그런데 그는 기도 중에 '삶의 패턴을 바꾸지 않는 한 새벽은 평생 짐일 수 있겠다.'는 사실을 깨달았다. 그 뒤부터 피곤한 날은 아예 저녁 식사를 미루고, 가정 예배를 드린 뒤 곧 바로 잠자리에 들기로 했다. 신기한 일이 벌어졌는데 새벽 2-3시에 스스로 눈이 떠지고 몸 컨디션도 최상을 유지할 수 있게 되었다. 이 패턴을 찾은 그는 이제 '새벽이 기쁨입니다.' 고백하는 것은 물론이거니와 아마 가장 뜨겁게 말씀을 받는 교역자로 변화되었다.

새벽 기도의 필승 전략

나 역시 부목사 시절 새벽 예배 때 알람 소리를 듣지 못해 예배에 늦거나 빠진 경우가 몇 차례 있었다. 그때마다 담임 목사님이 전화를 해서 소리를 지르며 책망하셨다. 헐레벌떡 옷을 챙겨 입고 나가 예배당에 앉아있으면 화가 나서 견딜 수 없었다. 부끄러웠다. 그런데 담임 목사님은 항상 '하나님이 새벽 2시면 깨워주신다.'고 했다. 그때마다 '나는 왜 안 깨워주시나' 생각했다. 솔직히 목사이지만 새벽이 힘들었다.

그런데 하나님의 은혜로 담임 목사가 되었다. 교회가 성장하니 더불어 많은 일정들이 생겨났다. 그 일정들은 내 의사와 상관없이 만들어지는 것들이 대부분이다. 매일 새벽 예배를 직접 인도하니 설교 준비만 해도 장난이 아닌데 정말 전쟁터를 방불케 했다. 새벽 아니면 답이 없다 싶었다. 스스로 고민했다. '어떻게 새벽을 즐길 수 있을까?',

'어떻게 해야 견디는 새벽이 아니라 즐기는 새벽을 맞을 수 있을까?' 역시 답은 간단했다. 무조건 저녁에는 일찍 잠자리에 드는 것이다. 실천했더니 정말 새벽이 즐거워졌다. 9시 이전에만 자면 3시 기상은 아무 것도 아니다. 하지만 10시가 넘어지면 벌써 새벽 눈꺼풀이 무겁다. 새벽 기도를 지속하려면 저녁을 버려야 한다. 부디 저녁에는 만사를 제치고 자라. 새벽의 기쁨을 누릴 수 있을 것이다.

< 필승 전략 3 > 영적 전쟁을 선포해야 한다.

만사를 제치고 잤다고 해서 새벽 기도가 쉬운 것은 아니다. 영적

방해 때문이다. 실제로 기도를 결단한 다음 날 새벽 예배를 못나오는 경우가 많다. 마귀가 막아 버린 것이다. 그래서 새벽 기도를 지속하려면 특별한 결단만으로는 안 된다. 교회적인 지원이 필요하다. 온 성도가 함께 그 일을 위해 기도하는 것은 물론이거니와 수시로 위로와 격려를 쏟아부어야 한다.

< 필승 전략 4 > 영적 파수꾼의 사명임을 잊지 말아야 한다.

파수꾼이 졸 때 심각한 일이 벌어진다. 마귀는 우리가 졸 때 가라지를 뿌린다. 기도의 불이 꺼진 순간 흑암의 역사가 시작된다. 따라서 가문을 대표하여, 교회를 대표하여, 나라와 민족을 위해 기도하는 파수꾼의 사명을 망각하지 않는 것이 중요하다. 의식을 바꾸어야 한다.

< 필승 전략 5 > 한국 교회 뿌리를 지키는 일임을 기억해야 한다.

나는 한국 교회의 부흥의 뿌리가 새벽 기도이기 때문에 새벽 예배를 사랑하는 교회를 하나님이 기뻐하신다고 확신한다. 참고로 광주청사교회는 중직자 선발 요건에 새벽 기도가 반드시 포함된다. 혹시 직업상 새벽 기도를 할 수 없는 자라 할지라도 중직자로 세우지 않는다. 또한 샬롬스쿨 입학 조건이기도 하다. 심지어 공동의회도 새벽 예배 후에 한다. 새벽 설교를 큐티로 대신하진 않는다. 가장 깊은 설교를 새벽 시간에 하려고 한다. 새벽 부흥을 갈망하기 때문이다.

우리 선조들은 새벽 기도를 사모했다. 새벽에 하나님을 만났다. 새벽 기도는 선조들이 물려준 신앙의 위대한 유산이다. 선조들은 새벽에 하나님께 간절히 기도함으로 우리 민족을 살려내고 이 땅에 부흥을 일으켰다. 우리도 그 믿음 본받아 이 시대를 살려내고 한국 교회를 일으키자. 새벽 기도의 뜨거운 열정이 다시 우리 한국 교회에 가득히 넘쳐나게 하자.

18

한국 교회는 십일조 헌금이다

"너희 곧 온 나라가 나의 것을 도둑질하였으므로 너희가 저주를 받았느니라."(말 3:8)

선조들의 위대한 5대 신앙 중 세 번째는 십일조 헌금 신앙이다. 우리 선조들은 십일조 헌금 신앙을 생명처럼 지켰다. 그것을 신앙의 '종자'라고 여겼다. 아무리 배고파도 농부가 종자를 먹지 않듯이 하나님의 것을 먹을 수 없다며 십일조 헌금을 드렸다. 십일조 헌금은 구약에 언급되었고(창 14:19-20; 창 28:21-22; 말 3:10), 예수님도 십일조 헌금을 말씀하셨다(마 23:23). 십일조 헌금은 '하나님이 내 인생의 주인이시다.'라고 하는 신앙 고백이다. 그러므로 모든 헌금의 가장 기본은 십일조 헌금이다.

하나님의 경제학

초기 한국 교회는 반드시 돈으로 십일조 헌금을 드린 것만은 아니었다. 구약 시대처럼 곡식이나 열매로 드렸고 심지어 기른 짐승으로도 드렸다. 노회를 섬길 때에도 교회가 재정의 십일조 수준을 상회비로 드렸다. 총회를 섬길 때에도 마찬가지였다. 물론 오늘날 이런 정신은 사라졌고 교회 형편에 맞추어서 회비 형태로 납부한다. 나는 이 시대 수많은 지도자들이 돈 때문에 무너지고 감옥에 가는 것이 십일조 헌금 신앙 약화와 무관하지 않다고 생각한다.

우리는 록펠러(John D. Rockefeller)의 간증을 기억한다. 새벽 기도와 달리 십일조 헌금에 대한 간증은 미국에도 많다. 그 대표적 인물 중의 하나가 바로 록펠러다. 그가 세운 교회는 4,928개이다. 시카고 대학을 비롯해서 24개의 대학을 세웠다. 그의 재단이 인류에 공헌한 내용들을 일일이 나열하기가 어려울 정도다. 한번은 기자가 물었다.

"도무지 이해가 가지 않는군요. 미국에는 당신과 같은 사업가가 수도 없이 많이 있습니다. 그들 대다수는 사업에서 번 돈을 한 푼도 쓰지 않고 재투자해도 사업이 잘되지 않는 경우가 많습니다. 그런데 당신은 그렇게 많은 십일조를 떼어 바치고, 수천 개의 교회를 지어 바치고도 어떻게 세계 제일의 부호가 될 수 있단 말입니까?"

록펠러는 답했다.

"그건 하나님의 경제학을 몰라서 하는 말입니다. 기자 선생 말대로 미국에는 내로라하는 사업가들이 많이 있습니다. 그들 모두 나와 똑같은 환경과 조건 아래에서 사업을 시작했습니다. 하지만 그들은 3년 앞도 내다보지 못한 반면에 저는 20-30년 후를 내다보았습니다. 생각해 보십시오. 3년도 내다보지 못한 사업가와 20-30년 후를 내다보는 사업가와 어떻게 같을 수 있겠습니까? 적어도 저는 하나님께 헌신의 씨앗을 심으면 반드시 많은 열매가 맺힐 것을 내다보았습니다. 저는 이런 하나님의 경제학을 어머니에게 배웠습니다."

나중에 그는 40명 이상을 십일조 계산하는 전담 직원으로 둘 정도로 거부가 되었다. 왜 십일조하면 거부가 되는가?

십일조 헌금은 '하나님이 주인이시다' 고백임

그 이전에 다음의 문제를 한번 더 생각해보자. 왜 하나님은 이스라엘 백성에게 십일조 헌금을 명했는가? 왜 우리 선조들은 구약 시대의 방식으로 드리는 십일조 헌금 전통을 생명 걸고 지켰을까? 어떻게 먹을 것이 없는데도 십일조 헌금은 사용하지 않았을까? 아예 대놓고 부흥회를 통하여 가르치고 결단케 한 것이 십일조 헌금이었다. 물론 이 시대 많은 목회자들은 십일조 헌금에 대해 비판적인 시각을 가지고 있다. 그들의 주장은 십일조 헌금 제도는 구약의 율법이므로 예수님 안에서 폐기되었다는 것이다. 과연 그런가? 여러분의 생각은 어떤가? 예수님께서 십일조 헌금에 대해서 신약에서는 구약 성경에서와 같이 구체적으로 가르치지 않으셨다고 생각하는 이들이 많다. 하지만 이는 사실이 아니다. 아래의 성경 구절을 보라.

"화 있을진저 외식하는 서기관들과 바리새인들이여. 너희가 박하와 회향과 근채의 십일조는 드리되 율법의 더 중한 바 정의와 긍휼과 믿음은 버렸도다. 그러나 이것도 행하고 저것도 버리지 말아야 할지니라."(마 23:23)

십일조 헌금은 형식보다 그 정신이 더 중요함을 얘기하면서, 결론은 형식도 정신도 버리지 않고 지켜야 함을 언급하셨다. 그렇다면 십일조 헌금의 정신이 무엇인가? 왜 십일조 헌금을 드리면 이 땅에서 형통할 수 있는가? 왜 감히 우리 선조들은 십일조 헌금이 복의 통로라고 가르쳤는가?

< 십일조 정신 1 > '하나님이 주인이시다.', '하나님이 하셨다.'의 고백을 담고 있다.

"19 그가 아브람에게 축복하여 이르되 천지의 주재이시요 지극히 높으신 하나님이여 아브람에게 복을 주옵소서. 20 너희 대적을 네 손에 붙이신 지극히 높으신 하나님을 찬송할지로다 하매 아브람이 그 얻은 것에서 십분의 일을 멜기세덱에게 주었더라."(창 14:19-20)

아브람 시대에 조카와 그의 가족이 잡혀간 적이 있었다. 그런데 아브람 집에서 훈련한 318명 호위병을 데리고 가서 무장한 군대의 연합군을 쳐부숴 버렸다. 당시 적은 4개 도시 국가의 연합군이었다. 그런데 그들이 소돔 5개 도시 국가 연합군을 이겼다. 따라서 이런 저런 정황을 따져 보건대 아브라함이 상대한 적은 약 10,000명 이상의 군대였다. 어찌 이 일이 아브람의 능력으로 되었겠는가? 그래서 아브람은 전리품의 십분의 일을 자신을 축복하는 멜기세덱에게 준 것이다. 어차피 다 자신의 것이 아니었기 때문이다.

야곱도 동일한 고백을 한다.

> "21 내가 평안히 아버지 집으로 돌아가게 하시오면 여호와께서 나의 하나님이 되실 것이요 22 내가 기둥으로 세운 이 돌이 하나님의 집이 될 것이요 하나님께서 내게 주신 모든 것에서 십분의 일을 내가 반드시 하나님께 드리겠나이다 하였더라."(창 28:21-22)

십일조 헌금은 하나님 나라 확장의 통로

그러니까 하나님을 잊어버리지 않고 하나님의 주인 되심을 인정할 때 가장 좋은 방법이 십일조 헌금이다. 말라기서의 핵심은 '돌아오라'인데 그 회복의 필수 요건이 십일조 헌금이다. 돈이 필요해서가 아니다. 돈에 눈이 멀어 버린 하나님의 백성들을 돌이키시기 위해 하나님이 명하신 제도이다. 당시 그들은 하나님께 저는 것, 병든 것, 세상 총독에게 주어도 받지 않을 것을 바치며 살았다.

누가 뭐라 해도 바른 가치관을 심어주는 교육법, 주인 찾게 하는 최고의 장치는 십일조 헌금이다. 십일조 헌금을 해 본 사람이라면 알 수 있다. 결코 십일조 헌금은 열 개 중 하나가 아니다. 전부의 느낌이다. 그래서 십일조 헌금을 제대로 하면 하나님을 경외할 수 있다. 전부를 받으시는 분이기 때문이다. 십일조 헌금을 하면 복을 받고, 인생이 열리는 이유이기도 하다.

< 십일조 정신 2 > 하나님 나라의 확장의 통로다.

십일조 헌금의 용도는 분명했다. 레위인의 생활비로서의 십일조, 제사에 참여한 이들이 먹고 마시는 잔치의 십일조, 사회적 약자(고아, 과부, 나그네)를 구제하기 위한 십일조였다. 오늘날 개념으로 목회에 전념하는 목회자의 생활비와 교회 관리운영비 그리고 구제비 등으로 쓰였다. 물론 오늘날 성전을 유지하는 일보다는 영혼을 세우는 일에 복음 전도하는 일에 교회의 방향이 맞추어져 있다. 그렇다고 교회 공동체를 유지하는 일에 비용이 발생하지 않는 것은 아니다. 여전히 우주 교회와 더불어 지역 교회를 섬겨야 하는 의무와 책임이 성도에게 있다. 그래서 교회를 섬기고 하나님 나라 확장을 돕는 최소한의 장치는 십일조 헌금이다.

바울은 여러 헌금에 대해서 직접 가르쳤다. 그는 아예 부한 자들을 명하여 선한 일에 힘쓰게 하라고 권면했다.

"17 네가 이 세대에서 부한 자들을 명하여 마음을 높이지 말고 정함이 없는 재물에 소망을 두지 말고 오직 우리에게 모든 것을 후히 주사 누리게 하시는 하나님께 두며 18 선을 행하고 선한 사업을 많이 하고 나누어 주기를 좋아하며 너그러운 자가 되게 하라."(딤전 6:17-18)

주의 종들을 섬기는 일에도 최선을 다하라고 가르쳤다.

"17 잘 다스리는 장로들은 배나 존경할 자로 알되 말씀과 가르침에 수고하는 이들에게는 더욱 그리할 것이니라. 18 성경에 일렀으되 곡식을 밟아 떠는 소의 입에 망을 씌우지 말라 하였고 또 일꾼이 그 삯을 받는 것은 마땅하다 하였느니라."(딤전 5:17-18)

"가르침을 받는 자는 말씀을 가르치는 자와 모든 좋은 것을 함께 하라."(갈 6:6)

그 외에도 구제 헌금, 감사 헌금, 주일 헌금 등 다양한 헌금을 가르쳤다. 오늘날 교회도 헌금에 대해서 바로 가르쳐야 한다. 하지만 모든 헌금의 기본은 십일조 헌금이다. 십일조 헌금은 정기적으로 드려진 헌금이기에 교회의 사역을 유지하는 데 매우 유용하다. 사역자를 세우고 사역을 확장시키는 통로이다. 그래서 십일조하면 복 주시는 것이다. 열리고, 번성케 되는 것이다. 십일조 헌금 신앙은 결코 버려야 할 율법이 아니다. 오히려 그 정신을 살려 계승해야 할 아름다운 신앙 전통이다. 이왕이면 온전히 드리자. 총소득의 십일조 헌금을 드리자. 감히 십의 이조, 십의 삼조 헌금도 도전하자.

19

한국 교회는 교회 사랑 신앙이다

"22 또 만물을 그의 발 아래에 복종하게 하시고 그를 만물 위에 교회의 머리로 삼으셨느니라. 23 교회는 그의 몸이니 만물 안에서 만물을 충만하게 하시는 이의 충만함이니라."(엡 1:22-23)

선조들의 위대한 5대 신앙 중 네 번째는 교회 사랑 신앙이다. 다시 한 번 생각해보자. 왜 우리 선조들은 교회를 사랑했는가? 왜 교회에 십일조 헌금을 바쳤는가? 왜 예배당 건축을 하면 소중한 재산을 바쳤는가? 우리 선조들은 세상에서 가장 높은 곳, 영광스러운 곳이 교회라고 믿었기 때문이다. 선조들의 뜨거운 교회 사랑이 한국 교회의 경이로운 부흥을 가져왔고, 우리 민족이 하나님을 경외하는 민족으로 거듭나게 하였다.

교회 없이 승리 없다

고 한경직 목사님이 담임하셨던 영락교회 예배당을 건축할 때의 이야기다. 당시 주일 예배에 출석하는 성도는 약 158명 정도였다. 어느 날 한 목사님이 광고를 했다.

"여러분, 이제 우리도 예배당을 건축하고자 합니다. 다음 주일에 그 일을 위해 특별 헌금을 작정할 겁니다. 가정마다 10일 먹을 것만 남겨 놓고 모든 재산을 하나님께 드릴 수 있는 분만 다음 주일 예배에 나오시기 바랍니다. 우리가 왜 북에서 남으로 왔습니까? 무엇 때문에 북에 있는 모든 것을 버리고 서울로 왔습니까? 이유는 하나입니다. 하나님 (한번) 제대로 섬기기 위함이 아닙니까? 비록 지금 우리의 형편이 어렵더라도 모든 것을 뒤로 한 채 예배당부터 지읍시다. 하나님 한번 제대로 섬겨 봅시다. 그러면 서울에서 우리의 삶을 하나님께서 반드시 책임지시고 복을 주실 것입니다."

그 설교를 듣고 그 다음 주에 152명이 예배에 왔고 그들의 100%가 건축 헌금을 작정했다. 그 중 40명은 놀랍게도 목사님의 광고대로 음식을 10일 동안 먹을 것만 남기고 순종했다. 왜 선조들은 이런 식으로 예배당을 건축했는가? 요즘 성도들은 건축하는 교회를 피해 다닌다는데 왜 선조들은 그 일을 영광으로 여겼을까? 왜 교회 근처로 이사 와서 살았고 왜 교회 건축 후 자신의 집을 마련했는가? 왜 그들은 교회에서 자녀가 결혼을 하게 하고, 혹 출타했다가도 토요일이 되면 돌아와 자신의 교회에서 주일 예배를 드렸는가? 왜 그들은 교회를 비방하지 않았는가? 목사가 실력이 탁월해서인가? 흠잡을 데가 없어서였는가? 물론 나를 포함해서 이 시대의 목사와 교회는 지난날에 비해서 많은 것이 부족하지만 어떤 측면에서는 더 성숙해진 면도 있다. 교회를 비방하는 것은 꼭 교회의 부족한 모습 때문만은 아니다. 교회를 대하는 태도가 달라진 것이다.

요즘 그리스도인들은 "예수님 믿고 천국가면 되는 것이지 왜 그렇게 교회에 묶어 두려 하느냐"고 소리친다. 또한 "구원도 좋고 천국도 좋은데 교회는 싫다."고 말하는 사람도 있다. 여러분은 어떤가? 여러분은 교회를 어떻게 생각하고 어떻게 섬기는가? 여러분은 교회가 우선인가? 직장이 우선인가? 교회가 우선인가? 내 자녀가 우선인가? 예배당 건축이 우선인가? 내 집 마련이 우선인가?

단언컨대 교회 없는 신앙의 승리, 교회 없는 가정의 영광은 없다. 나는 우리 선조들의 교회론이 신학적으로 완벽했다고 말하고 싶지는 않다. 그러나 교회를 대하는 태도는 선조들이 옳았다. 그 결정적인 증거가 학문이 부족하고 신학적 실력도 부족한 자들이었지만 그들이 교회를 섬길 때 교회는 영광을 잃어버리지 않았다. 경이로운 부흥의 역사를 남겼다.

우리가 본받아야 할 선조들의 교회관

그러나 이 시대는 어떤가? 온통 싸움판 아닌가? 정말 코로나 때문에 교회가 욕을 먹는가? 천만의 말씀이다. 교회와 예배를 대하는 신자의 태도 때문이다. 코로나가 시작되자마자 스스로 예배당을 걸어 잠그자고 한 자들이 누구인가? 우리 스스로다. 시간이 지나고 나니 밝혀졌다. 예배 중 감염 사례는 없었다. 하지만 돌이킬 수 없는 실수가 되고 말았다. 그 한 번의 타협으로 인해 공무원이 교회를 통제하는 시대가 되어 버렸다. 정신 차려야 한다.

그렇다면 우리 선조들은 교회를 어떻게 이해하고 섬겼는가? 그들의 태도와 정신을 다시 배워야 한다. 인생을 새롭게 열고 싶다면 귀 기울여야 한다.

< 선조들의 교회관 1 > '거룩한 성전'으로 여겼다.

우리 선조들에게 교회는 '거룩한 성전'이었다. 그래서 예배 중에 선포되는 말씀과 그곳에서 이루어지는 모든 신앙의 행위에 대해서 구별된 마음을 가졌다. 복장부터 달랐다. 강대상에 함부로 올라가지 않았다. 감히 목사의 설교를 비판할 수 있었겠는가? 물론 예배당이 '거룩한 성전'은 아니다. 예수님이 성전이시고, 예수님을 모신 우리가 성전이다. 목사만 성직자가 아니다. 모든 성도는 다 왕 같은 제사장이다. 하지만 선조들은 눈에 보이는 교회를 성전으로 여기며 살았다. 그래서 그들은 교회를 함부로 대하지 않았다. 비방할 수 없었다. 교회를 섬기는 목사를 성직자라 한 이유도 이런 정신이 반영이 된 것이다.

뿐만 아니다. 교회 안의 비품들을 성물이라고 했다. 헌금도 우리가 맡은 직분도 성물이라 했다. 교회에서 이루어진 모든 일이 다 '하나님이 하신 일'이라는 인식이 분명했다. 그래서 함부로 싸울 수 없었다. 또한 교회를 성전으로 생각하니 예배당에서 드리는 예배에 생명을 걸었다. 물론 교회의 예배를 삶의 예배로 연결시키는 것이 옳지만 예배당의 예배에서 임재를 경험해야 그 일이 가능하다. 그래서 시편 기자는 133편에서 성전 예배를 위해 모인 공동체를 향하여 '형제의 연합이 어찌 그리 아름다운고, 아론의 머리 위에 부어진 보배로운 기름 같다, 헐몬 산에 내린 이슬 같다.'고 노래했다.

"1 보라 형제가 연합하여 동거함이 어찌 그리 선하고 아름다운고 2 머리에 있는 보배로운 기름이 수염 곧 아론의 수염에 흘러서 그의 옷깃까지 내림 같고 3 헐몬의 이슬이 시온의 산들에 내림 같도다. 거기서 여호와께서 복을 명령하셨나니 곧 영생이로다."(시 133:1-3)

선조들은 생명을 걸고 교회를 섬겼다

나는 이 시대 성도들이 예배당에서 드려진 예배를 제사장이 성전의 제사를 섬기듯 해야 한다고 생각한다. 그래야 편한 시간에 인사치레로 왔다 가는 일이 없을 것이다. 사실 교회 예배 순서 하나를 맡아 섬길 때에도 치열하게 준비하고, 구별된 마음으로 해야 하는데 이 시대 그런 정신이 없다. 뭐든지 대충이다. 이와 달리 우리 선조들은 제사장의 심정으로 교회의 사역들을 감당했다. 정말 생명을 걸고 교회를 섬겼다는 말이 맞다.

또한 여전히 교회 가운데 역사하시는 성령님을 믿고 함부로 비방하지 않았으면 좋겠다. 그래야 신앙 성장이 있고 삶의 수준이 바뀐다. '교회가 성전이다'는 말은 신학적으로 옳지 않지만 그 안에 담겨진 정신만은 백 번 천 번 선조들이 옳다.

< 선조들의 교회관 2 > '만물 위의 으뜸'이라고 생각했다.

바울이 가르친 교회론이기도 하다.

> "22 또 만물을 그의 발 아래에 복종하게 하시고 그를 만물 위에 교회의 머리로 삼으셨느니라. 23 교회는 그의 몸이니 만물 안에서 만물을 충만하게 하시는 이의 충만함이니라."(엡 1:22-23)

우리 선조들은 세상에서 가장 높은 곳, 영광스러운 곳이 교회라고 믿었다. 그래서 백범 김구 선생은 "경찰서 백 개 세우는 것보다 제대로 된 교회를 하나 세우는 것이 더 낫다."고 했다. 마을마다 예배당을 세우려고 했던 이유도 교회를 통해서 그 지역이 높아진다고 믿었기 때문이다. 더 쉽게 말해 교회를 통해 복이 온다고 믿었던 것이다. 그래서 그들은 신장을 떼서라도 예배당 건축을 하고자 애썼다. 결혼식도 교회에서 해야 큰 복이 임한다고 생각했다. 이것은 이스라엘 백성들이 시온에서, 예루살렘에서, 성전에서 복이 임한다고 믿는 것과 같은 원리이다. 물론 예수님이 복이시고 주님 안에 있는 우리가 이미 복 받은 자이기에 어디서 결혼식을 해도 달라질 것은 별로 없다.

하지만 하나님은 분명히 이 땅에 교회 공동체를 남기셨고 여전히 그 공동체를 통하여 때마다 시마다 은혜를 주신다. 그러니까 우리 선조들이 교회를 복의 통로로 여기며 산 것은 결코 잘못된 신앙이 아니다. 바른 정신이다. 그런데 이 시대 성도들은 결코 교회가 으뜸이 아니다. 학교가 으뜸이다. 아파트가 으뜸이다. 그래서 가장 좋은 자리에 아파트를 세우고 학교를 세운다. 청교도들이 왜 추위와 배고픔을 견디며 예배당을 건축했는가? 두말할 것 없이 교회가 세상의 으뜸, 만물을 충만하게 하시는 이의 충만이라고 믿었기 때문이다. 그래서 그들은 학교 건물보다 도서관 건물보다 항상 예배당 건물을 더 높게 지었다. 우리 선조들이 헐벗고 배고파도 예배당을 건축하고 교회를 교회되게 하는 일에 생명을 건 정신과 일치한다.

왜 지역 사람들이 목사를 함부로 대하지 못했는가? 왜 목사를 지역 유지로 대우했는가? 그것은 교인들 스스로가 교회를 그 지역의 으뜸이라고 여기며 살았기 때문이다. 감히 세상 사람들이 함부로 하지 못했다. 교회의 영광은 우리가 지키는 것이다. 부디 신학 지식 앞세워 선조들의 순수한 교회 사랑 신앙을 폄하하지 않기를 원한다.

영락교회 건축 당시 헌신했던 40명은 모두 1970년 우리나라 우수 기업 명단 200위 안에 들어가는 영광을 누렸다. 오늘날 이런 간증을 찾아보기 어렵다. 단언한다. 교회를 사랑하고, 높이고, 섬기면 반드시 높아진다. 그러나 교회를 비방하고 교회를 온 맘 다해 섬기지 않을 때 우리의 인생도 추락한다. 교회를 대하는 수준이 곧 당신 믿음의 수준이기 때문이다.

성도에게 교회는 전부다

2009년 부임하고 보니 많은 교인들이 교회 주변이 아닌 다른 동네에 주로 거주하는 상황이었다. 그도 그럴 것이 교회가 위치한 지역은 광주에서 가장 소외된 지역이다. 변변한 아파트 하나가 없었고, 국가적으로 어려운 사람들이 모여 살도록 주택을 제공한 곳이기도 하다. 물론 우리 교인들도 초창기에는 다 교회 근처에서 살았었다. 하지만 세월이 흘러 살림이 나아지자 생활 환경이 좀 더 나은 곳으로 거주지를 옮겼던 것이다. 장로들도 예외가 아니었다. 그래서 나는 가르쳤다. "교인들은 교회 근처에서 살아야 합니다. 특히 중직자들은 그렇습니다. 그러니 다시 이사 오십시오." 얼마나 시대에 뒤떨어진 소리인가? 교회 근처에 살지 않아도 자동차로 오가니 교회 섬기는 데 별 문제가 없는 시대다.

하지만 나는 선조들의 교회 사랑 신앙에서 이 신앙을 오래 전에 배웠다. 그래서 우리 자녀들이 유학을 가거나, 결혼을 해서 가정을 떠나야 할 때도 교회 먼저 결정하라고 가르친다. 대부분은 집 먼저 정하고 그 근처에 교회를 찾는 식이다. 분명히 잘못된 것이다. 우리 삶의 우선이 교회여야 한다. 우리 선조들은 교회가 이사 가면 집도 이사를 했다. 모든 것이 교회가 중심이었다. 나는 어떻게든 이런 정신을 후대에 가르치려고 애쓴다. 그래서 토요일에 결혼식을 할 경우 주일에 신혼여행을 떠나지 말라고 한다. 교회가 최고의 호텔을 잡아 토요일 머물게 하는 대신 주일 첫 예배를 본 교회에서 드리라는 것이다. 결혼식도 교회에서 할 것을 적극적으로 권장한다.

다 경험한 바겠지만 결혼식장에서 예식을 해 보면 결코 축복하는 시간이 아니다. 여러 행사 중의 하나일 뿐이다. 거의 30분 간격으로 예식을 진행하니 어쩔 수 없다. 주례하려고 강단에 오른 순간 직원이 와서 "주례사 5-10분을 넘기지 말고, 30분 안에 모든 순서를 마쳐 달라"고 요청한다. 한 번은 화를 내고 말았다. 신랑, 신부를 향한 배려가 조금도 없다고 느껴서 나도 모르게 그만 감정이 폭발해 버린 것이다.

놀랍게도 장로들부터 교회 근처로 다시 이사를 오기 시작했다. 당시 목사에게 승용차까지도 선물한 참 따스한 사람 이종현 장로가 가장 먼저 순종을 했다. 잊을 수 없다. 아파트가 없으니 낡은 주택을 사서 이사했다. 주변 사람들이 정신없는 사람으로 취급했지만 영적으로 깨달은 바가 있기에 순종한 것이다. 그 후 이 장로는 샬롬스쿨을 시작할 때도 자녀 둘을 1호 학생으로 입학시킨 장본인이다. 우스갯소리이지만 세월이 흐르고 보니 이사 온 순서대로 집값이 올랐다. 이제는 지역이 발전하여 아파트도 생겼고 거주할 집도 많아졌다. 그래서 우리 교회 청년들은 결혼 후 당연히 교회 근처에 집을 정하려고 한다. 감사한 일이다.

성도에게 교회는 전부다. 교회 없는 하나님 나라 확장은 불가능하다. 오늘도 하나님은 교회를 통해서 은혜를 부어 주신다. 교회 안에서 회복을 경험케 하신다. 우리 자녀들에게 어떻게 이 교회의 중요성을 가르칠 수 있겠는가? 어떻게 하면 교회에서 행복한 신앙생활을 할 수 있도록 할까? 선조들의 정신을 따르면 된다. 선조들은 이 세상의 그 어떤 것보다 예수님의 몸 된 교회를 가장 중요하게 여겼다. 선조들의 교회 사랑 신앙을 잘 이어감으로 생명의 역사가 풍성하게 일어나기를 소망한다.

20

한국 교회는 목사 존중 신앙이다

"하나님의 말씀을 너희에게 일러 주고 너희를 인도하던 자들을 생각하며 그들의 행실의 결말을 주의하여 보고 그들의 믿음을 본받으라."(히 13:17)

5대 신앙의 마지막은 목사 존중 신앙이다. 다시 생각해 보자. 왜 우리 선조들은 목사를 존중했을까? 왜 목사를 비방하지 않고 지극 정성으로 섬겼을까? 왜 목사의 심방을 예수님 방문으로 여겼을까? 왜 자녀의 결혼 주례를 목사에게 받고 싶어 했을까? 왜 목사에게 첫 열매를 드렸을까? 왜 모든 인생의 중요한 문제를 목사와 의논했을까? 왜 목사의 축복 기도를 그렇게 사모했을까? 왜 설교 중에 쓴 소리를 해도 아멘하고 좋아했을까? 왜 부흥회 때 강사를 그렇게 대접하고 싶어 했을까?

우리 선조들의 목사관

성경에 나타난 바울의 교훈을 살펴보자. 왜 바울은 잘 가르치는 목사를 배나 존중하라고 했을까?

> "가르침을 받는 자는 말씀을 가르치는 자와 모든 좋은 것을 함께 하라."(갈 6:6)

왜 갈라디아 교인들은 바울을 천사와 같이 예수님 같이 영접했을까? 왜 그들은 바울에게 눈이라도 빼어주려고 했을까?

> "14 너희를 시험하는 것이 내 육체에 있으되 이것을 너희가 업신여기지도 아니하며 버리지도 아니하고 오직 나를 하나님의 천사와 같이 또는 그리스도 예수와 같이 영접하였도다. 15 너희의 복이 지금 어디 있느냐 내가 너희에게 증언하노니 너희가 할 수만 있었더라면 너희의 눈이라도 빼어 나에게 주었으리라."(갈 4:14-15)

왜 히브리서 기자는 인도하는 자에게 순종하고 복종하라 했을까? 왜 인도자가 기쁘게 그 일을 하도록 하라고 했을까?

> "너희를 인도하는 자들에게 순종하고 복종하라. 그들은 너희 영혼을 위하여 경성하기를 자신들이 청산할 자인 것같이 하느니라. 그들로 하여금 즐거움으로 이것을 하게 하고 근심으로 하게 하지 말라. 그렇지 않으면 너희에게 유익이 없느니라."(히 13:17)

그렇다면 여러분에게 목사는 누구인가? 왜 요즘 그리스도인들은 목사를 존중하지 않는가? 목사가 부족해서인가? 정말 우리 선조들은 목사가 완벽해서 목사를 영접하고 존중했는가? 어떤 부분에서 이 시대 목사들이 더욱 탁월하다. 목사의 자질 문제라기보다는 목사의 위치와 역할에 대한 바른 이해의 부족이라 생각한다. 역시 이 부분도 우리 선조들의 신앙과 자세가 맞다. 성경의 가르침과도 정확하게 일치한다.

< 선조들의 목사관 1 > 목사는 거룩한 대제사장이다.

우리 선조들은 목사를 교회와 당회가 고용한 월급쟁이 사장이 아니고 하나님이 세워 하나님의 일을 하는 일종의 대제사장으로 여겼다. 성도의 입장에서 감히 터치할 수 없는 초월적인 영역이었다. 그런데 이 시대 교회는 목사를 자신들이 고용했다 생각한다. 그래서 언제든지 목사를 해임시킬 수 있다고 생각한다. 무서운 병폐다. 물론 모든 절차들이 그런 오해를 불러일으킬 만하다. 또한 목사는 대제사장이 아니다. 얼마든지 교회를 통해서 사임케 할 수 있다. 하지만 목사를 대하는 정신만은 고용인이서는 안 된다. 하나님의 종으로 여기는 것이 옳다. 목사가 월급쟁이라면 세상 기준에 맞는 최저 임금 체계 등을 따라야 한다. 그러나 그렇게 하는 교회는 없다. 목사도 그에 대해 이의를 제기하지 않고 살아간다. 왜? 스스로 주의 종이라 여기기 때문이다.

바울은 자신을 '예수님의 종'이라고 했고, 디모데를 향해서도 '주의 종'이라 했다.

> "예수 그리스도의 종 바울은 사도로 부르심을 받아 하나님의 복음을 위하여 택정함을 입었으니"(롬 1:1)

> "주의 종은 마땅히 다투지 아니하고…"(딤후 2:24)

부디 신분과 직분에 혼란이 없었으면 좋겠다. 목사나 성도나 다 하나님 앞에 제사장인 것은 맞지만 교회 내 역할, 직분은 구별되어야 한다. 목사 스스로도 이 정체성을 잃어버리면 안 된다. 성도들 스스로도 다시 새겨야 할 의식이다.

가서 가르쳐 지키게 하라

< 선조들의 목사관 2 > 목사는 만물박사다.

초창기 한국 교회는 글을 모르는 성도가 대부분이었다. 그런데 목사는 한글은 물론이거니와 히브리어, 헬라어까지 알고 있는 경우가 많았다. 그래서 많은 정보가 목사를 통해 흘러갔다. 심지어 한글을 가르치기도 했다. 그래서 논을 사고 밭을 사도 목사에게 문서를 가져와서 의논했고, 교통사고가 나도 목사가 변호사 역할을 했다. 군대에 있는 아들에게 편지를 써주고, 편지 내용을 전달해주는 것도 목사의 몫이었다. 뿐만 아니다. 장례식 때 시신 처리까지 했다.

그런데 이 시대 교회의 모습은 상황이 다르다. 목사보다 똑똑한 성도가 훨씬 더 많다. 심지어 성경 공부도 스스로 한다. 평신도 성경 공부 강사가 있을 정도다. 그래서 이 시대 그리스도인들은 목사와 많은 것들을 의논하지도 않을 뿐더러 목사에게 신앙 지도도 잘 받지 않는다. 이것이 함정이다. 성경은 분명히 목사의 직책을 교사라고 했다.

"그가 어떤 사람은 사도로 어떤 사람은 선지자로 어떤 사람은 복음 전하는 자로 어떤 사람은 목사와 교사로 삼으셨으니"(엡 4:11)

예수님도 제자들을 파송하면서 '가서 가르쳐 지키게 하라.'고 했다. 바울도 디모데에게 '가르치는 일을 잘하라.'고 했다. 그래서 목사는 확실히 말씀을 열심히 가르쳐야 한다. 신앙생활의 본이 되어야 한다. 이 시대 많은 신자들이 이단에게 쉽게 빠져드는 이유도 목사의 가르침을 잘 받지 않기 때문이다. 성경은 목사를 '양 무리를 치는 자'라고 말하기도 한다.

"너희 중에 있는 하나님의 양 무리를 치되 억지로 하지 말고 하나님의 뜻을 따라 자원함으로 하며 더러운 이득을 위하여 하지 말고 기꺼이 하며"(벧전 5:2)

목자 없는 양은 존재 자체가 불가능하다. 그래서 선조들의 태도가 옳다.

< 선조들의 목사관 3 > 목사는 영육의 의사다.

우리 선조들은 아프면 바로 병원에 가고 약을 먹는 것이 아니라 목사에게 안수 기도를 받았다. 물론 오늘날과 상황이 다르다. 오늘날 병원, 약국이 너무도 많다. 당연히 병원과 약국을 이용해야 한다. 그러나 병원과 약국으로도 안 되는 일이 있다. 예수님이 고쳐 주셔야 할 병 말이다. 교회 아니면 해결할 곳이 없다. 그래서 목사의 도움이 절대적이다. 실제로 오늘날에도 교회 안에서 자신의 믿음을 따라 수많은 기적들을 경험하고 있다.

하지만 대부분의 성도들은 목사에게 자신의 아픔을 털어 놓지 않는다. 목사를 통해 역사하실 하나님을 기대하지 않는 것이다. 심지어 입원하여 수술해야 하는 상황에 이르렀는데도 숨기는 경우가 있다. 과연 옳은 신앙인가? 그렇지 않다. 야고보 사도는 분명히 가르친다.

> "14 너희 중에 병든 자가 있느냐 그는 교회의 장로들을 청할 것이요 그들은 주의 이름으로 기름을 바르며 그를 위하여 기도할지니라. 15 믿음의 기도는 병든 자를 구원하리니 주께서 그를 일으키시리라 혹시 죄를 범하였을지라도 사하심을 받으리라."(약 5:14-15)

목사 없는 교회 부흥은 없다

우리 교회는 아직도 이런 신앙을 가진 교인들이 많다. 그래서 수시로 기도 요청을 한다. 안수 기도를 사모한다. 놀랍게 안수 기도를 통하여 많은 치유의 역사가 일어난다. 자녀들의 경우도 마찬가지다. 부모의 믿음이 놀라운 간증을 만든다.

우리 부부는 결혼 후 3년 동안 아이를 갖지 못했다. 기다리다가 병원에 가서 검진을 했는데 두 사람 모두 임신이 불가한 상태라는 판정을 받았다. '때가 되면 생기겠지' 하며 기다리다가 '임신 불가' 판정을 받고 나니 부부의 마음이 달라졌다. 작은 말 한마디에도 상처를 받는 수준에 이르렀다. 심각하게 입양을 고민했다. 담임 목사님과 그 계획을 의논했는데 칭찬은 고사하고 엄청난 꾸지람을 들었다. '기도하라'고 하셨다. '나이가 몇 살인데 벌써 포기하느냐'고 책망하셨다.

그때부터 기도를 결단했다. 마음속에 예배 후 담임 목사님의 안수 기도를 받으면 태의 문이 열릴 것 같다는 확신이 들었다. 예배가 끝나자마자 달려가서 안수를 받았다. 담임 목사님도 부목사의 기도 제목을 알고 계셨기에 뜨겁게 간절히 기도해 주셨다. 그렇게 기도를 시작한 지 한두 달쯤 지났을 때 아내가 '몸이 좀 이상하다'고 했다. 산부인과를 방문했는데 놀랍게 임신 축하 소식을 듣게 되었다. 아내는 눈물로 소리쳤다. "임신 불가 판정을 받은 병원에서 임신 축하 소식을 듣게 되었다. 그렇다. 하나님은 살아 계신다." 그렇게 하나님이 두 아들 두민과 은민을 주셨다.

그 후 나는 임신하지 못한 성도들에게 '절망하지 말라'고 소리친다. '현대 의학이 불가능하다고 한 것이지 하나님이 불가능하다 하신 적이 없지 않느냐?', '기도하자' 그리고 안수해 준다. 그렇게 태의 문이 열린 경우가 있다. 암 환자도 기도했더니 암세포가 사라졌다. 하나님은 영원하신 분이다. 어제나 오늘이나 동일하시다. 하나님의 능력이 사라진 것 아니라 우리의 믿음이 변질된 것이다. 부디 한국 교회의 성도들이 선조들처럼 목사를 믿고 따르면 좋겠다. 사실 초기 한국 교회 안에 수많은 기적들은 목사의 신령함보다는 성도의 믿음이 더 커서 일어나지 않았나 생각한다. 정말 선조들의 그 신앙이 그립다.

< 선조들의 목사관 4 > 목사는 복의 통로다.

선조들은 '주의 종에게 축복권이 있다', '그러므로 축복 기도 받자'는 말을 많이 했다. 첫 열매를 가져오는 것도, 심방을 사모하는 것도, 결혼식 주례를 받고자 한 것도 목사에게 축복권이 있다고 믿었기 때문이다. 그런데 오늘날 신학적으로 다시 정리가 되었다. 모두가 제사장이다. 목사에게만 축복권이 있는 것이 아니다는 것이 밝혀졌다. 맞는 소리다. 그러나 교회 공동체를 운영하는 과정에서 목사의 축복은 전혀 다른 차원의 이야기이다.

그래서 바울은 아예 다음과 같이 말했다.

"내가 너희에게 나아갈 때에 그리스도의 충만한 복을 가지고 갈 줄을 아노라."(롬 15:29)

예수님도 제자들을 파송하시면서 말씀하셨다.

> "12 또 그 집에 들어가면서 평안하기를 빌라. 13 그 집이 이에 합당하면 너희 빈 평안이 거기 임할 것이요 만일 합당하지 아니하면 그 평안이 너희에게 돌아올 것이니라."(마 10:12-13)

그런 관점에서 바울이 디모데에게 안수한 장면은 우리가 다시 회복해야 할 모습이다.

> "그러므로 내가 나의 안수함으로 네 속에 있는 하나님의 은사를 다시 불일듯 하게 하기 위하여 너로 생각하게 하노니"(딤후 1:6)

나는 우리 아이들에게 목사의 부정적 이미지를 심어주지 않기 위하여 기도하고 애쓰는 중이다. 목사 없는 교회 부흥은 없다. 목사 없는 신앙 성장도 없다. 목사와의 동행이 평생의 기쁨이어야 한다. 최소한 우리 선조들은 그랬다. 목사가 그냥 좋았다. 목사와 원수처럼 지내지 않았다. 세대통합목회를 하면서 정말 안타까운 일이 교회 내 중직자 자녀들이 의외로 목사에 대한 좋은 마음을 가지고 있지 않다는 사실이다. 부모들로부터 잘못된 정보가 많이 전달되어서 그렇다. 하루 속히 바로잡아야 할 우리 안의 병폐다.

목사와 성도들의 행복한 동역

목사로서 평생 잊지 못할 두 명의 여인이 있다. 한 분은 아버지 첫 목회지에서 만난 고(故) 박오순 집사이고, 또 한 분은 광주청사 교회 초기 목회 때 함께 했던 고(故) 최엽순 집사다. 고 박오순 집사 이야기를 먼저 하자면 그녀는 얼굴에 혹을 달고 살았다. 남편은 예수님을 믿지 않았는데, 박 집사님은 예수님을 뜨겁게 사랑하며 살았다. 남편 반대가 심했다. 그럼에도 매주 4킬로미터 이상을 걸어서 교회를 섬겼다.

한번은 아버지가 수요 예배 후 우리를 모이라고 했다. 주머니에서 계란 하나를 끄집어 내 보이셨다. 박오순 집사님이 수요 예배 전 아버지에게 준 계란이었다. 사연인즉 목사님이 좋고 교회가 좋으니 무엇이든지 가져오고 싶었지만 남편 때문에 그럴 수 없었다. 그런데 마침 암탉이 낳은 달걀 하나가 눈에 들어왔다. 그 순간 계란 하나를 훔치듯 손수건에 쌓아서 자신의 고쟁이 주머니 속에 감추어 둔 것이다. 수요 예배 전 목사에게 그 계란을 건네 준 것이다. "설교 전에 드시면 좋을 것이다."라고 하면서 주었다고 한다. 아버지는 그 계란을 차마 드시지 못하고 집에 가져와 우리에게 보여주셨다.

내가 궁금한 것은 이렇게 예배에 참여한 그 집사에게 목사의 설교는 어떤 느낌이었을까? 설교가 길다고 불평했을까? 목사를 비방할 수 있었을까? 박오순 집사님의 경우 평생 기쁨으로 신앙생활을 하시다 천국에 가셨다.

또 한 여인은 목회 초기에 만났던 고 최엽순 집사다. 그녀는 작달막한 키에 아들들과 함께 힘겹게 살아가는 노인이었다. 어디서 신앙을 배웠는지 처음 만났을 때부터 많은 감동을 주었다. 새벽에 가장 일찍 나와 가장 늦게까지 기도의 사명을 감당했던 영적 거장이다. 한번은 나를 찾아왔다. 대뜸 "목사님! 왜 목사님은 강대상에서 자꾸 부족하다는 말씀을 하십니까?" 물으셨다. "무슨 소리세요, 당연히 목사가 부족하니 부족하다 하죠." 그 집사님의 답이 명품이다. "목사님, 목사님은 부족해도 부족한 것이 아닙니다. 주의 종이 강대상에서 그런 말씀 하시면 안 됩니다." 인사를 꾸벅하고 돌아가셨다. 그 뒷모습을 보는 동안 내내 30대 담임 목사 초년병은 가슴이 울컥 거렸다. 그분은 여전히 목사를 거룩한 대제사장으로 여기며 살았던 것이다.

어느 날 다시 날 찾아왔다. "목사님, 부탁이 있습니다. 목사님이 설교하실 때마다 목이 잠기는 것을 보니 마음이 아픕니다. 그런데 저는 가진 것이 없는 노인입니다. 하지만 목사님에게 계란 정도는 사 드릴 수 있습니다. 교회 근처 동네 가게에 매달 계란 두 판씩을 사놓을 테니 꼭 하루에 하나씩 드십시오." 그런데 단서가 있었다. "완전히 익혀버리면 목 트는 데 도움이 안 되니 살짝 익혀서 드셔야 합니다. 그리고 목사님만(?) 드십시오." 아내가 웃으면서 "절대로 안 뺏어 먹을 테니 당신만 드시오." 했던 이유이기도 하다. 이 섬김을 천국 가실 때까지 하셨다. 결코 잊을 수 없는 섬김이다.

광주청사교회 목회 중 고급 승용차를 선물 받을 정도로 큰 사랑을 받고 있지만 이 계란 섬김의 울림은 아직도 살아있다. 지금도 좋은 목소리로 설교할 때마다 그분이 떠오른다. 그런데 이 계란 섬김도 전수가 되었다. 새 가족 교육할 때마다 이 이야기를 했더니 당시 섬김이었던 우리 교회 박회열 장로 부인 강남숙 권사가 감동을 받아 그 일을 지속하고 있다. 느낌이 또 다르다. 이런 섬김을 통해 목사와 성도는 더욱 강하게 결속되는 것을 느낀다.

지금껏 이방 종교인들이 자신의 종교 지도자를 수시로 비방하고 끌어 내리는 것을 자주 보지 못했다. 하지만 교회는 다르다. 어느덧 잘못된 습관으로 자리를 잡아 버린 것 같다. 비록 목사가 대제사장이 아니고 만물박사는 더욱 아닐지라도 목사를 대하는 정신만은 초기 한국 교회 선조들과 같아야 한다. 그래야 신앙에 성장이 있다. 부디 목사와 성도들과의 행복한 동행을 꿈꿨으면 좋겠다.